Eduard Bomhard

Kleiner Leitfaden für die Notare

Eduard Bomhard

Kleiner Leitfaden für die Notare

ISBN/EAN: 9783743695795

Hergestellt in Europa, USA, Kanada, Australien, Japan

Cover: Foto ©Suzi / pixelio.de

Weitere Bücher finden Sie auf **www.hansebooks.com**

Kleiner Leitfaden

für die

Notare.

Von

Oberstaatsanwalt Bomhard.

Amberg.

Verlag von Fedor Pohl.

1869.

Der Titel dieses Schriftchens wird dem, der dasselbe in die Hand nimmt, andeuten, daß er nicht ein einge=hendes Werk über das Notariat aufschlägt, nicht Erör=terungen über schwierige und streitige Fragen findet, sondern den bescheidenen Rath eines Juristen, welcher zwar Jahre lang das Notariat in seiner regsten Thätig=keit beobachtet hat, hier aber nur die Hand bieten möchte, die neuernannten Notare über die ersten, die Form be=treffenden Schwierigkeiten und Verlegenheiten hinweg zu führen, und etwa über Einiges Aufklärung zu geben, was die im Artikel 153 des Notariatsgesetzes ange=kündigte Anweisung über die Geschäftsordnung nicht be=rühren kann.

Aus diesem Gesichtspunkte bitte ich auch die geringe Zahl der beigegebenen Formulare zu betrachten. Sie sollen nicht für jedes einzelne Rechtsgeschäft ein Modell geben, sondern nur im Allgemeinen eine Anschauung der Form gewähren, in welche dort, wo das Notariat seit vielen Jahren ausgebildet ist, die Urkunden gekleidet werden.

Der Denker schafft sich schon selbst, sobald er nur einmal über die erste Form-Schwierigkeit hinaus ist, das beste Gewand für den Ausdruck der Gedanken.

Die neuernannten Notare beginnen ohne Zweifel alle ihr neues Werk mit dem festen Vorsatze, ihre Pflichten mit unerschütterlicher Gewissenhaftigkeit und mit allen ihnen zu Gebote stehenden Kräften zu erfüllen und dadurch nicht nur sich selbst, sondern auch der ganzen neuen Einrichtung Vertrauen zu verschaffen.

Welche Früchte dann von ihrem Wirken zu erwarten sind, darüber hat sich der Verfasser dieses Schriftchens in einem Aufsatze über die Gesichtspunkte bei Festsetzung der Notariatsgebührenordnung ausgesprochen, ehe diese erlassen worden war.

Dieser Aufsatz mag hier eine Stelle finden, da er einige aus der lebendigen Anschauung des Notariates geschöpfte Erfahrungen über Wesen, Bedeutung und Wirksamkeit dieser Einrichtung darlegt.*)

Bei dem Herannahen des Zeitpunktes, mit welchem das Notariat in den sieben älteren Kreisen von Bayern in Wirksamkeit treten wird, wird es wohl nicht als eine unbescheidene Meinungsäußerung erachtet werden, wenn ein Jurist, der niemals Notar war, es auch niemals werden will, aber viele Jahre lang die Pflicht der Ueberwachung von nahe an dreißig Notaren hatte, die öffentliche Aufmerksamkeit auf diejenigen Gründe zu lenken unternimmt, welche dafür sprechen,

daß die Gebühren nicht auf ein zu niederes Maß gestellt werden.

1) Eines der nothwendigsten Erfordernisse für eine wahrhaft segensreiche Wirksamkeit des Notariates ist, daß die Notare auf möglichst lange Jahre, am besten auf Lebenszeit an einen und denselben Aufenthaltsort gefesselt bleiben.

---

*) Der Aufsatz findet sich auch abgedruckt in der Zeitschrift für Gesetzgebung und Rechtspflege Band VIII. S. 528.

Der Notar soll nicht blos in einzelnen Fällen den Willen der Parteien beurkunden, er soll der Rathgeber des Volkes in dessen nicht streitigen Rechtsgeschäften sein.

Je länger er daher in einem und demselben örtlichen Wirkungskreise thätig ist, desto mehr wird er diesen Aufgaben zu entsprechen vermögen. Immer mehr lernt er dann die Bewohner seines Notariatsbezirkes kennen und verstehen, immer besser wird er von ihnen verstanden.

Immer näher und gründlicher lernt er die Ortsrechte, die Rechtsgewohnheiten des Volkes, die Rechtsbedürfnisse desselben kennen, und wird immer geeigneter, dessen Willenserklärungen richtig aufzufassen und in die rechtliche Form zu bringen.

Notare, welche viele Jahre in einem und demselben Amtsbezirke wirken, werden die Rechtsfreunde der Familien, besorgen deren Rechtsgeschäfte der freiwilligen Gerichtsbarkeit, Inventarien, Nachlaßtheilungen u. s. w. ganze Generationen hindurch und wirken mit Hilfe der dadurch erlangten Kenntniß der Verhältnisse und des nach und nach gewonnenen Vertrauens der Familie höchst wohlthätig für die Ordnung dieser Rechtsverhältnisse, stiften Frieden bei entstehenden Streitigkeiten unter den Familiengliedern.

Die Jahrbücher der Rechtspflege in der bayerischen Pfalz gewähren hiefür zahlreiche Belege.

Auf der Schreibstube des mit der Erbtheilung beschäftigten Notares vereinigen sich die Betheiligten, wenn Streitigkeiten unter ihnen entstanden sind, mit oder ohne ihre beiderseitigen Anwälte wohl zwei, drei Mal und öfter, um durch Vermittlung des mit den bezüglichen Verhältnissen seit Jahren vertrauten Notars über einen Streit- (Kontestations-) Punkt nach dem anderen einig zu werden, bis diese endlich alle beseitigt sind oder doch nur ganz wenige, meistens nur die r e c h t l i c h schwierigsten, für die Entscheidung des Gerichtes übrig bleiben, die dann in der Regel schon thatsächlich so klar gestellt sind, daß es weiterer Aufklärungen, Beweise 2c. für das entscheidende Gericht gar nicht mehr bedarf. (Man vergleiche hierüber: Bomhard, die Civilrechtspflege in der bayer. Pfalz. München bei Cotta S. 85 ff.)

Dieses Erforderniß der möglichsten örtlichen Seßhaftigkeit der Notare ist n i r g e n d s u n e n t b e h r l i c h e r als in den sieben älteren Kreisen Bayerns, so lange daselbst noch so verschiedene Rechte, Landes- Stadt- und Ortsrechte u. s. w. gelten, deren gründliches Verständniß für den Notariatsbeamten genaueste Kenntniß nicht nur des Dialektes der Bewohner, sondern auch ihrer Gebräuche, Sitten, also jahrelanges Studium von Land und Leuten, der Geschichte ihrer Städte und Ortschaften voraussetzt.

Bei solchen Rechtsverhältnissen ist es von höchstem Gewichte, daß sich die Beamten der freiwilligen Gerichtsbarkeit durch möglichst langen Aufenthalt an einem und demselben Orte ganz vertraut machen mit Sprache, Sitte, Gewohnheiten des Volkes, wie sie sich in dessen Rechtsleben, Verträgen, letzten Willensordnungen und dergleichen darstellen, daß sie sich völlig hineinleben, um den wahren Willen der Parteien zu verstehen und richtig in deren Urkunden niederlegen zu können.

Ein Beamter, welcher eine Zeit lang in einem Amte von Oberfranken, etwa unter der Herrschaft der Kulmbacher Landesordnung und des preußischen Landrechtes, oder in Mittelfranken, etwa in oder bei Nürnberg, die Geschäfte des Notariates besorgt hatte, dann eine Beförderung in Niederbayern, etwa im Rotthale, gefunden hätte, — welche geraume Zeit würde er bedürfen, um nur die Volkssprache und die rechtliche Bedeutung einzelner Ausdrücke zu verstehen und von den Parteien verstanden zu werden, ohne welches gegenseitige Verständniß ein Vertrauen der Gerichtsbaren zu ihm von vorneherein undenkbar ist; welche lange Zeit würde hingehen, bis er sich einen richtigen Blick in die Rechtsgewohnheiten und Rechtsbedürfnisse des Volkes verschaffen könnte; wie manchmal würde er inzwischen durch unrichtige Auffassung und unrichtige oder unklare Beurkundung des Willens der Parteien geschadet, den Samen zu Zwietracht und Rechtsstreiten gesäet haben.

Ist nun aber seine äußere Stellung nicht der Art, daß sie ihn da oder dort auf lange oder für immer zu fesseln vermag, so wird er anderwärts eine weitere Verbesserung suchen, ehe er nur im Stande war, sich eine oder die andere jener unentbehrlichsten Vorbedingungen für die erfolgreiche Ausübung seines Berufes zu erwerben.

Wie übel bliebe bei solcher Stellung der Notariats-Beamten die Lage der Bevölkerungen in rauhen, unfreundlichen, Städte-armen Gegenden, welche zugleich arm an Natur- und sonstigen Lebens-Genüssen sind. Ihre Rechtsangelegenheiten blieben einem beständigen Wechsel der Auffassungen ausgesetzt, während gerade sie zur Aufbesserung ihrer volkswirthschaftlichen Verhältnisse, ihres Kredites u. s. w. vor andern das Bedürfniß hätten, solche Beamten zu erhalten, die bei ihnen ausharrten, ein Herz und jene Anhänglichkeit für sie hätten, die die Frucht jahrelangen Zusammenlebens sind.

Nur dann also wird die Wirksamkeit des Notariates eine, die Wahrheit im Rechtsleben des Volkes fördernde, eine prozeßmindernde und darum für den sittlichen und äußeren Wohlstand des Volkes segensreiche sein, wenn die Beamten des Notariates in ihren Amtssitzen möglichst lange ausharren.

Daß dieses nur möglich ist, wenn ihre äußere Stellung der Art wird, daß sie nicht genöthigt sind, zur Verbesserung ihrer Lage öfter ihren Wohnort zu wechseln, ist selbstver= ständlich.

Es müssen also im Interesse der neuen Einrichtung selbst, damit sie sich bewähren könne und damit nicht von vorneherein deren Wirksamkeit verkümmert werde, die Ge= bühren der Notare so bestimmt werden, daß diese in den Stand gesetzt sind, sich ihr Leben nicht nur sorgenfrei, sondern so zu gestalten, daß sie auch an minder angenehmen Orten für die Entbehrung der Lebensgenüsse größerer Städte in behaglicher Gestaltung ihrer Lebensverhältnisse Entschädigung finden.

2) Ein großer Mißgriff würde es nach unserer ohn= maßgeblichen Meinung sein, wollte man die Gebühren in der Art festsetzen, daß sich die Einnahme eines Notares etwa wie diejenige eines gut besoldeten Bezirksgerichts= rathes oder ersten Landgerichtsassessors gestalten würde. Dann wäre jener erste und Hauptgesichtspunkt verfehlt und der Grund gelegt zu gänzlichem Mißglücken der neuen Einrichtung.

Um des Notariates und der Erreichung der Zwecke des Institutes willen muß der Notar so gestellt sein, daß er auch dann noch in einem kleinen, sonst nicht zusagenden Landstädtchen bleiben mag, wenn das Heranwachsen seiner Kinder und deren Bildung ihm das Opfer ihrer Entbeh= rung und ihrer Unterbringung auf einer entfernten Bil= dungsanstalt u. s. w. auferlegen würde.

Wenn Menschlichkeit und väterliche Staatsklugheit in der jüngsten Zeit für die Nothwendigkeit der Aufbesserung der Beamtengehalte entschieden haben, so mögen diese Rück= sichten schon jetzt bei Festsetzung der Gebühren der Notare ihr entscheidendes Gewicht in doppeltem Maße geltend machen. Der Notar kann nicht, wie der besoldete Beamte, den ganzen Monat hindurch seinem Berufe mit dem be= ruhigenden Blicke auf den ersten des nächsten Monats ob= liegen, wo er nur auf das Rentamt schicken, und seinen, wenn auch oft kleinen, doch jedenfalls sicheren Gehalt holen zu lassen braucht.

Seine Einnahme ist oft eine unsichere, fast immer eine wechselnde.

Sie hängt von der Blüthe der Geschäfte des Landmannes und Bürgers, von ungestörter Ruhe und öffentlichem Frieden ab.

Sie ist nicht selten gering in Zeiten, wo der Landmann durch die Geschäfte der Landwirthschaft gehindert ist, seine Rechtsverhältnisse zu besorgen, größer in den Wintermonaten, wo dieses nicht der Fall ist.

Der Notar muß daher so gestellt sein, daß er in besserer Zeit sorgen könne für die kargere.

Das beruhigende Bewußtsein, auch in kranken Tagen auf eine gleichsichere Einnahme zählen zu können, bei gänzlicher Erwerbsunfähigkeit durch einen wohlverdienten Ruhegehalt vor Sorge für sich und die Seinigen geschützt zu sein, für diese, wenn sich sein Tagewerk schließt, durch einen Staatsgehalt auch nach seinem Tode gesorgt zu sehen, — dieses Bewußtsein, welches dem besoldeten Beamten, selbst wenn sein Gehalt nur ein mäßiger ist, doch einen großen Trost gewährt, und ihm Lebens- und Arbeitskraft erhält, ist dem Notariatsbeamten versagt.

In dem Art. 104 des Notariatsgesetzes ist zwar in dankbar anzuerkennender Weise für die Sicherung eines gewissen Einkommens gesorgt.

Allein dieses ist und konnte nur bis zu einem Maße geschehen, daß kaum für den nothwendigsten Lebensbedarf gesorgt ist. Ueber diesen hinaus und für die nothwendige Sicherung der erwähnten Zwecke des Notariates ist dieses natürlich bei Weitem nicht genügend.

Es muß daher nach unserer ohnmaßgeblichen Erfahrung und Ueberzeugung die Größe der Gebühren so bestimmt werden, daß der Beamte des Notariates in Tagen der Gesundheit, Jugend und Kraft, für die der Krankheit, des Alters, der Erwerbsunfähigkeit, dann für ein sorgenfreies Dasein der Seinigen nach seinem Tode ausreichend zu sorgen im Stande sei, damit nicht das Notariat eine Pflanzschule eines für die Staatsgesellschaft lästigen und gefährlichen Proletariates werde.

Als eine dankbar anzuerkennende Vorsorge erscheint in dieser Beziehung auch der Art. 144 des Notariatsgesetzes, wodurch aber gleichfalls nur für die äußersten Nothbehelfe gesorgt werden kann.

3) Ein weiterer höchst beachtungswerther Gesichtspunkt ist der, daß für die neue Einrichtung gleich von Anfang an tüchtige Persönlichkeiten gewonnen werden,

damit dieselbe nicht an der Klippe mangelhafter und zweck=
widriger Durchführung scheitere.

Würden die Notariatsgebühren kärglich zugemessen, so
daß das Notariat voraussichtlich ein nur nothdürftiges mit
Sorgen verknüpftes Dasein gewähren würde, so würden
sich nur Anfänger, nicht aber tüchtige geschäftsgewandte
und erfahrene Juristen, welchen Kenntnisse und Talente
eine bessere Zukunft in anderen Zweigen des amtlichen
Wirkens in Aussicht stellen, dem Notariate zuwenden, und
die neue Einrichtung würde von vorneherein in mißkannter,
verstümmelter Weise in das Rechtsleben des Volkes ein=
treten, Mißtrauen gegen sich erwecken und keinesfalls die
für die Volkswohlfahrt beglückenden Erfolge gewähren, die
sie, von tüchtigen Persönlichkeiten eingeführt, in den sieben
älteren Kreisen ebensowohl herbeiführen würde als in
der Pfalz.

Sehr wünschenswerth dürfte es sein, wenn tüchtige —
als uneigennützig erprobte Advokaten sich dem Notariate
zuwenden und soweit möglich, gerade an solchen Orten
ihre Anstellung als Notare erhalten würden, wo sie schon
als Advokaten längere Zeit gewirkt haben.

Durch ihre Erfahrungen aus der streitigen Rechtspflege
wissen sie am besten, welches die Hauptgesichtspunkte sind,
die in den Akten der freiwilligen Gerichtsbarkeit beachtet
oder vermieden werden müssen, um nicht den Samen zu
Rechtsstreiten zu säen, sondern vielmehr einen sicheren
Rechtszustand zu begründen.

Durch längere Wirksamkeit an seinem bisherigen Wohn=
orte vereinigt ein solcher dann auch das besonders wichtige
Erforderniß der genauen Kenntniß örtlicher Gesetze, Her=
kommen, Rechtsgewohnheiten, des gegenseitigen Verständ=
nisses mit den Gerichtsbaren.

Tüchtige Advokaten werden sich aber bei aller Uneigen=
nützigkeit dem Notariate nicht zuwenden, wenn die Nota=
riatsgebühren nicht wenigstens so festgesetzt werden, daß
jene nicht zu große Opfer bringen müssen, wenn sie die
Anstellung im Notariate suchen.

Einiges zu opfern werden einsichtsvolle und uneigen=
nützige Männer schon um deßwillen kein Bedenken tragen,
weil sie im Hinblick auf die Advokaten in der Pfalz ein=
sehen werden, daß ihnen auch als Advokaten die Zukunft
mit einer neuen Civilrechtspflege eine Schmälerung ihres
Einkommens bis zu dem Maße, wie es ihre Kollegen in
der Pfalz genießen, unvermeidlich bringen wird.

Man wende nicht ein, daß die Festsetzung reichlicher

Gebühren im Sinne der bisherigen Betrachtungen, eben auf Kosten der Gerichtsbaren geschehe, denen dadurch die Errichtung ihrer Verträge, letzten Willensordnungen u. s. w. vertheuert und erschwert werden.

Ein Nachtheil würde hierin nur dann gefunden werden können, wenn nicht ein innerer Vortheil damit erzielt, wenn nicht der innere Werth der Akten der freiwilligen Gerichts= barkeit dadurch erhöht würde.

Allein, was die Gerichtsbaren an höheren Gebühren für ihre Akten der freiwilligen Gerichtsbarkeit an den Notar entrichten müssen, ersparen sie reichlich durch die größere Rechtssicherheit an Kosten für Prozesse, welche die unausbleibliche Frucht von Verträgen, letzten Willens= erklärungen, Vermögenstheilungen u. s. w. sind, bei deren Errichtung Unkenntniß, Mißverständniß oder Eile des durch die Größe und Mannigfaltigkeit der Geschäfte gedrängten Beamten nachtheilig eingewirkt haben, wie dieses bisher nicht selten der Fall war.

Der gesunde Sinn der Gerichtsbaren wird dieses auch gar bald erkennen.

Gerne wird Jeder der einen Akt der freiwilligen Ge= richtsbarkeit zu errichten hat, die Gebühr an den beurkun= denden Beamten entrichten, wenn dieser der Mann seiner Wahl, seines Vertrauens ist, wenn er von vorneherein von diesem die Ueberzeugung hegen kann, daß derselbe, um sich das Vertrauen auch für die Zukunft zu erhalten, das Ge= schäft mit möglichster Umsicht, Gründlichkeit, Gewissenhaf= tigkeit und rasch und pünktlich besorgt.

4) Die Ansicht, die man leider zuweilen aussprechen hört:

„man müsse die Gebühren der Notare nicht zu hoch ansetzen, damit sie nicht zu unabhängig, üppig und wohl gar systematische Opponenten gegen die Re= gierung werden" —

ist ebenso kurzsichtig als unrichtig.

Beruht sie rücksichtlich der Notare auf der oft gehörten Voraussetzung, daß sich die Notare der Pfalz vorzugsweise bei der dortigen Bewegung betheiligt hätten, so ist schon diese Voraussetzung eine völlig unrichtige. Dies ist klar dargelegt in der trefflichen Schrift über das Notariat von Gg. Chr. Rösl, Nördlingen, 1861, in den §§. 62 und 103, wo sich die auf aktenmäßige Erfahrungen gegründete Aeußerung des k. Staatsministers der Justiz angeführt findet: „daß sich die Notarien bei dem pfälzischen Auf= stande nicht blos nicht vorzüglich betheiligt, sondern daß sich sogar mehrere von ihnen rühmlichst verhalten haben." Verhandlungen der Kammer der Reichsräthe 1851 Band II. S. 381.

Aber auch im Allgemeinen lehrt die Erfahrung, daß da, wo mit kärglichem Einkommen Entbehrungen und Nahrungssorgen verbunden sind, sich in natürlicher Folge gar leicht der Wunsch nach dem: „es muß anders werden," mit anderen Worten eine destruktive Richtung einstellt, während Achtung für das Bestehende und Thatkraft für dessen Erhaltung in der Regel nur da zu finden sind, wo ein sorgenfreies Dasein und ein dadurch ermöglichter Besitz höherer sachlicher und geistiger Güter für den Einzelnen oder für die Familie gefährdet sind, sobald der öffentliche Friede und die Sicherheit des Rechtszustandes gestört werden. — Man vgl. Rösl a. a. O. §. 104.

Hängt nun schon die Existenz der Notare überhaupt, die Zahl und Beschaffenheit ihrer Geschäfte, wie oben angeführt ist, von einem geregelten und geschützten Verkehre, von öffentlicher Ruhe und deren Erhaltung ab, so darf man überhaupt in ihnen eher eine Stütze für die öffentliche Ruhe, eine Kraft für Aufrechthaltung des Bestehenden erwarten, die um so erfolgreicher in dieser Richtung zu wirken vermag, je mehr sie durch ihren Zusammenhang mit dem Volke auf dessen unterste Schichten Einfluß zu äußern Gelegenheit haben.

Abhängiger würden die Notare bei kärglicher Festsetzung ihrer Gebühren allerdings werden, aber nicht von den Organen der Staatsregierung, sondern von den Einflüssen der Sorge um Dasein und Auskommen mit allen den traurigen Folgen, die diese Einflüsse für den Charakter und die Bestrebungen des Menschen hervorzubringen pflegen: Habgierde, schmutziger Eigennutz und dergleichen.

Dagegen werden sie der Erwartung, daß sie zwar unabhängige Charaktere, aber überzeugungstreue, feste Stützen der rechtlichen Ordnung des Staates sein werden, in um so höherem Grade entsprechen, je mehr bei Bestimmung ihrer Gebühren der Gesichtspunkt Geltung erhalten wird, sie von vorneherein den mißlichen Lebensverhältnissen zu entziehen, mit welchen ein geringer besoldeter Beamter bei der steigenden Entwerthung des Geldes und den wachsenden Ansprüchen des Lebens notorisch zu kämpfen hat.

Soweit dieser Aufsatz.

Die k. Staatsregierung hat durch die nun erlassene Notariatsgebühren-Ordnung in weiser Würdigung alles dessen, was zum Besten der neuen Einrichtung dienen wird, gewiß in der dankenswerthesten Weise für eine höchst befriedigende äußere Stellung der Notare Sorge getragen.

Deren Aufgabe wird es nun sein, das Vertrauen der weisen liberalen Staatsregierung und des Volkes zu rechtfertigen. Möge dieser kleine Leitfaden hiezu ein Schärflein beitragen können!

Um mit dem Nothwendigsten zu beginnen — den Räumlichkeiten, in welchen der Notar seine Thätigkeit der Regel nach entwickelt — ist den neuernannten Notaren der wohlmeinende Rath zu ertheilen, daß sie doch ja nicht glauben wollen, sie müßten sich große Wohnungen nehmen, um viele und geräumige Geschäftslokalitäten zu haben.

Neben den Räumlichkeiten für Wohnung des Notars und seiner Familie genügt vorläufig ein einziges, etwas geräumiges Zimmer, in welchem an den Wänden einige hölzerne Bänke, oder, soll es eleganter aussehen, gepolsterte Sitze für eine Anzahl Personen angebracht sind, und der Arbeitstisch für den Notar, etwa auch noch einer für einen Schreiber steht.

Notare in der Pfalz, die eine so große Praxis haben, daß sie des Jahres sechs bis achttausend Gulden einnehmen, haben nur eine einzige solche „Amtsstube", höchstens noch ein kleines Zimmer nebenan, um etwa eine Unterredung, die nicht für dritte Ohren sein soll, mit einem Clienten haben zu können.

Eine Registratur gibt es bei dem Notar ebensowenig, als zahlreiche Aktenbände.

Wer etwa glaubt, es gehe nicht anders, als daß er über jedes Geschäft, das ihm übertragen wird, einen Aktenband anlege, wie es diesseits — das ist, in den sieben älteren Kreisen — geschieht, der wäre zu seinem Schaden in einem großen Irrthume befangen.

Ich warne dringend vor Einführung dieses Aktenbändewesens. Es bedarf dessen durchaus nicht. Auf dem linken Rheinufer weis man hievon nichts, und die Geschäftsführung ist dadurch jedenfalls eine weit einfachere und darum auch weit leichter in klarer Uebersicht und Ordnung zu halten.

Der Notar braucht keine Aktenbände.

Sein Verkehr mit den Clienten, Parteien, ist ein mündlicher. Alles, was der Errichtung der Urkunde vorausgeht, die Besprechung mit den Parteien und unter diesen, die Notiz, welche sich der Notar etwa macht, ist nichts als die Vorbereitung für die Urkunde, hat keinen urkundlichen Werth und kann also so fort nach Errichtung der Urkunde wieder vernichtet oder, wenn der Notar es gerne aufhebt, lediglich als Privatpapier aufbewahrt werden. So würde es beispielsweise eine höchst überflüssige, nutzlose Zeit- und Papier-Verschwendung sein, wollte der Notar wohl gar ein Protokoll darüber aufnehmen, wenn eine Partei bei ihm erscheint und das Ersuchen an ihn stellt, das oder jenes Rechtsgeschäft aufzunehmen — Art. 43 des Gesetzes — abgesehen von dem Falle, wo etwa die Gesetze Etwas der Art ausdrücklich vorschreiben (man sehe z. B. was unten bei Art. 60 rücksichtlich der Testamente gesagt wird), oder wenn zwischen vertragschließenden Parteien über diese oder jene Vertragsbestimmung vor der Errichtung der Urkunde Hin- und Her-Reden stattfinden. Er bestimmt der Partei einfach Tag und Stunde, wo sie mit dem anderen Contrahenten vor ihm erscheinen soll, und merkt sich dieses in seinem Geschäftskalender vor. Von dem Falle des Art. 24 des Gesetzes wird unten die Rede sein.

Das gegentheilige Verfahren wäre ein Festkleben am Krebsschaden der Vielschreiberei. Bald würden sich die Notare wieder von einem Wust von Aktenbänden, Aktenniederlagen, Registern, und Registern über die Register umgeben sehen, wie man sie überall in den „Bureaux" im dießseitigen Theile des Vaterlandes findet, auf dem linken Rheinufer aber nirgends in den Richter- Advokaten- oder Notariats-Amtsstuben, wie dort — näher an Frankreich — die Geschäfträume deutsch und zweckmäßig genannt werden.

Der Notar besitzt keine Registratur. Ueber das Register, Repertorium, welches er halten muß — Art. 77 des Gesetzes — wird unten die Rede sein.

Die Sammlung seiner Urkunden wird am einfachsten und zweckmäßigsten in folgender Art geschehen.

Der neuernannte Notar läßt sich sogleich ein Kästchen von Pappdeckel in Form eines etwa drei Finger dicken Buches machen, von welchem nur der eine Deckel aufgeschlagen und mittelst eines Bändchens an ein am anderen unbeweglichen Deckel befestigtes

Bändchen gebunden werden kann. In dieses Kästchen legt er die Urschrift der Urkunden, sobald sie fertig ist, eine nach der anderen, lose und ohne Aneinanderheftung der verschiedenen Urkunden hinein. — Das Kästchen muß daher etwas mehr als die Länge und Breite des Stempelpapiers haben. Auf dem Rücken desselben steht, wie der Titel auf den Büchern, die Jahreszahl. — Sobald ein Kalenderjahr zu Ende ist, wird ein neues Kästchen mit der neuen Jahreszahl für die in diesem Jahre zu errichtenden Urkunden begonnen.

Diese Bücherkästchen nach der fortlaufenden Jahreszahl in einem verschließbaren Glasschranke, wie Bücher neben einander gestellt, bilden die Registratur des Notars, wie man sie in der Pfalz bei den meisten Notaren, auch in anderen Amtsstuben zum Aufheben der wenigen Akten findet, um sich selbst und die Akten vor dem unangenehmen Aktenstaub zu schützen.

Die Notare werden auch öfter Instruktionen der vorgesetzten Stellen und Behörden erhalten.

In der Pfalz gehen diese durch den Staatsprokurator an den jedesmal für ein Jahr gewählten Vorstand der Notariats-kammer des Bezirkes, der im geeigneten Falle seinen Collegen die Abschriften zusendet.

Auch für Aufbewahrung dieser Entschließungen u. s. w. gibt es ein einfaches zweckmäßiges Verfahren.

In den diesseitigen Kreisen werden solche höchste und hohe Entschließungen allenthalben in besonderen dafür angelegten General-Akten aufgehoben.

Da nun aber nicht leicht eine Entschließung oder Weisung der Art ist, daß sie nicht unter verschiedenen Gesichtspunkten betrachtet und unter verschiedene Betreffe gereiht werden könnte, so entsteht die üble Folge, daß die gleiche Entschließung oder Weisung von dem Registrator des einen Gerichtes in den oder jenen General-Akt eingereiht wird, von dem eines anderen Gerichtes wieder in einen ganz anderen, und daß derjenige, welcher durch Beförderung oder Versetzung zu einem neuen Gerichte kömmt, wenn er sich nicht auf den Registrator anweisen lassen will oder kann, Tage oder Wochen damit zubringen, eine Reihe von dicken General-Aktenbänden durchstudiren muß, um diese oder jene Entschließung oder Weisung zn finden.

In der Pfalz, wo man Aktenbände in der streitigen Civil=
rechtspflege und freiwilligen Gerichtsbarkeit nicht kennt, besteht
für die Aufbewahrung von Entschließungen und Weisungen
u. s. w., — dort überall als „amtliche Instruktionen —
bezeichnet ein ganz einfaches Verfahren.

Sie werden bei jedem Gerichte, Staatsanwalte, Advokaten
oder Notare das ganze Jahr hindurch in einem Aktenumschlage
gesammelt und alle Erlasse oder Entschließungen, gleichviel
welchen Inhaltes sie sind, am Schlusse des Jahres, in welchem
sie gekommen sind, in einen Band zusammengebunden, auf dessen
Rücken die Jahreszahl geschrieben wird, sind also wieder bequem,
wie eine Büchersammlung in einem Bücher=Schranke aufzuheben.

Damit aber das Suchen einer Entschließung keine Schwie=
rigkeit verursache, besteht ein alphabetisches Register, wel=
ches gleich von Anfang an so angelegt wird, daß es für jeden
Buchstaben eine größere Anzahl Blätter enthält, damit das Re=
gister auf mehre Jahre hinausgebraucht werden kann.

In dieses Register wird jede Entschließung sogleich nach
deren Einlaufen nach allen vernünftigerweise denkbaren Gesichts=
punkten bei den entsprechenden Buchstaben mit ganz kurzer An=
gabe des Betreffs des Datums und der Jahreszahl eingetragen.

Denke man, es kömmt an die Notare eine Instruktion
darüber, welche Grundsätze sie bei Qualifikation der bei ihnen
praktizirenden Rechtspraktikanten zu beobachten haben.

Diese Instruktion ließe sich eintragen
bei dem Buchstaben: N — Notariatspraxis,
Q — Qualifikation,
R — Rechtspraktikanten, beispielsweise mit den Worten:
bei Q — „Qualifikation der praktizirenden Rechtspraktikanten
„vom 22. August 1862" — bei R — „Rechtspraktikanten —
„der praktizirenden, Qualifikation vom 22. August 1862".

Die Vortheile dieser Behandlungsweise bestehen hauptfäch=
lich darin, daß man nicht um der Aufbewahrung der Instruktionen
willen eine Masse General=Aktenbände mit Aktendeckeln, für diese
General=Akten wieder Repositorien und Register anlegen muß, daß
Jeder, welcher eine Entschließung sucht, sie sehr leicht und im
ersten Augenblicke, wo er sie braucht, finden kann, da er sich nur
zu besinnen hat, unter welchem Buchstaben sie etwa zu finden

fein mag, und fie dann fiher unter einem oder dem anderen Buhftaben im alphabetifhen Regifter eingetragen findet. — Sobald er fie da gefunden hat, fhlägt er fie im nächften Augenblicke in dem Jahresbande, in welhem fie erfhienen ift, unter dem Datum ihres Erlaffes auf.

Wenn die Befhreibung diefes Verfahrens die Sahe niht fo klar und einfah erfheinen laffen follte, als es in der Wirklichkeit ift, fo werden fih die Herren Notare der Oberpfalz durch eigene Anfhauung bei mir von der Einfachheit der Sahe überzeugen können; denn ih habe mir hier in meinem Amtszimmer bereits die vorhandenen fehr zahlreihen höhften Entfhließungen fo geordnet, und mit Hilfe diefer einfahen Einrihtung fhon hie und da rafh das von anderer Seite lange vergeblih Gefuhte beizufhaffen vermoht.

Bei diefer Gelegenheit gebe ih überhaupt den neuernannten Notaren der Oberpfalz die Verficherung, daß ih ihnen gerne Auffhlüffe, foweit meine Erfahrung mir fie möglih maht, zu ertheilen bereit bin, wenn fie mir dazu Gelegenheit geben werden, wozu perfönlihe Befprehung am geeignetften erfheint.

Mit dem Schreiberperfonale mögen fih die neuernannten Notare doh ja keine großen Ausgaben mahen.

Es find mir Fälle bekannt, wo neuernannte junge Notare in der Pfalz fih lange Zeit ganz ohne Shreiber beholfen und fogar die Ausfertigungen ihrer Urkunden felbft gefhrieben haben.

Bei fehr befhäftigten Notaren in größeren Städten wird diefes freilih niht möglih fein, wenigftens niht auf lange Zeit.

Der Notar brauht für die Aufnahme der Urkunden keinen Shreiber.

Da die Gewährfhaft für den öffentlihen Glauben der Urkunde künftighin niht mehr, wie bisher bei Aufnahme der Protokolle, in der Zuziehung eines verpflihteten Aktuars beruht, fondern in der Perfon des unter der Gewährfhaft der gefetzlihen Eigenfhaften durh die Staatsgewalt aufgeftellten öffentlihen Beamten und in der Zuziehung der Urkunds-Zeugen, fo erfordert das Gefetz bei Aufnahme der Urkunden niht die Zuziehung eines verpflihteten Shreibers, fetzt vielmehr voraus, daß der Notar die Urfhrift der Urkunde felbft fhreibt, wie diefes

auch in der Pfalz sehr häufig geschieht, bei letztwilligen Ver=
fügungen dort sogar gesetzlich geboten ist.

Der Notar kann zwar zum Niederschreiben der Urschrift
der Urkunde aus Bequemlichkeit einen Schreiber, Gehilfen,
Rechtspraktikanten verwenden, wie dieses auch namentlich bei
größeren Geschäften, Inventarien, Verlassenschaftstheilungen und
dergleichen zu geschehen pflegt, dieser kann aber, da ihm keine
öffentliche Eigenschaft zukömmt — A. 38. Abs. 2 — weder in
dieser Beziehung in der Urkunde oder am Rande derselben ge=
nannt, noch auch zur Unterzeichnung derselben veranlaßt oder
gar als Urkundszeuge — A. 53. 54 — verwendet werden.

Man sieht hieraus, daß die meisten neuernannten Notare
vorläufig gar keinen oder höchstens einen einzigen Schreiber oder
Gehilfen zum Abschreiben der Urkunden, soferne eine oder die
andere derselben ausgefertigt werden soll, brauchen werden.

Ehe die neuernannten Notare ihre Wirksamkeit beginnen,
mögen sie in einem Lokalblatte bekannt machen, von wann an
und wo, in welchem Hause und Stockwerke sie ihre „Amtsstube“
eröffnen werden oder eröffnet haben. — Es ist dieses im In=
teresse des Notars nicht minder als des Publikums. — Zu
wünschen wäre es, daß durch die k. Staatsregierung die Anord=
nung getroffen werde, daß die Wohnungen der Notare an dem
Außentheile des Hauses durch ein Wappenschild oder dergleichen
bezeichnet werden, wie dieses in Frankreich, Belgien, Rhein=
preußen der Fall ist, damit auch Ortsunkundigen die Aufsuchung
eines Notares erleichtert werde.

Beim Uebergange auf einzelne Verfügungen des Notariats=
Gesetzes begegnet uns zuerst die Bestimmung im Artikel 1.: „die
Notare sind öffentliche Beamte.“

In Folge der weisen Umsicht und Gewissenhaftigkeit, welche
auf Anordnung der k. Staatsregierung bei der Auswahl der
neuen Notare angewendet wurde, darf die Hoffnung gehegt
werden, daß Alle, welchen eine Notarstelle anvertraut wurde,
des großen Kreises heiliger Pflichten, die ihnen durch die gesetz=
lich ausgesprochene Eigenschaft eines öffentlichen Beamten auf=
erlegt sind, sich auf's innigste bewußt sein werden. Als öffent=
liche Beamte genießen sie aber auch die Rechte solcher und vor

Allem auch den Anspruch auf achtungsvolle Begegnung derer, welche in geschäftlichen Verkehr mit ihnen kommen.

Gerade in dieser Beziehung aber möchte ich den neuen Notaren ein Wort der Warnung recht dringend an's Herz legen — doch vor Allem den ebenso schädlichen als lächerlichen Beamtenstolz zu meiden.

Nicht erst die Betrachtung, daß heut zu Tage der Beamte, wenn er nicht durch allgemeine Bildung und ausgezeichnete Pflichterfüllung glänzt, ohnehin weit zurücksteht im äußeren Ansehen hinter den durch die Macht des Geldes oder der Industrie glänzenden Berufsklassen, soll den Notar zur anspruchlosen, freundlichen Begegnung gegen Alle, mit welchen er zu thun bekömmt, aneifern, sondern das Bewußtsein, daß er, wenn gleich öffentlicher Beamter, dennoch mehr als alle anderen Klassen der Beamtenwelt der Freund, der Rathgeber des Volkes in seinen Rechtsbedürfnissen sein und zu diesem Zwecke sich nicht erzwungene äußere Achtungsbezeugung, sondern das unumwundene Vertrauen des Volkes — „Vertrauen um Vertrauen“ erwerben muß.

Ein solcher Notar wird dann nicht blos seinem eigenen Interesse dienen, indem er sich eine ausgebreitete Praxis erwirbt, und nicht nur in den einzelnen Rechtsgeschäften, die er zu verbriefen hat, immer den wahren, ihm offen dargelegten Willen der Vertragschließenden zu beurkunden Gelegenheit finden, sondern auch bei der Nähe, in welcher er zum Volke steht, sonst wohlthätig auf dasselbe einwirken, und insbesondere wesentlich dazu beitragen können, daß das Volk in allen Beziehungen des öffentlichen Lebens auf dem Wege des gesetzlichen Rechtes und staatlicher Ordnung bleibe.

Wenn wir vor dem lächerlichen Beamtenstolze warnen, so rathen wir andererseits ebenso sehr ab von der bei Notaren hie und da vorkommenden Sucht, sich die Zuneigung der niederen Volksklassen durch würdeloses Benehmen, durch triviale Witze oder gar schlüpfrige Reden bei Versteigerungen und ähnlichen Geschäften gewinnen zu wollen. Die sogenannten „sieben Notariatswitze,“ die dieser und jener Notar bei den Versteigerungen zum Besten zu geben pflegt, möchten sich nicht empfehlen lassen.

Pünktliche, gründliche Erledigung der Geschäfte, gepaart mit würdevollem, aber nicht hochmüthigem, sondern anspruch-

2*

losem, freundlich belehrendem und gefälligem Wesen wird der beste Empfehlungsbrief für den Notar sein, und ihn auch vor ungeeigneten beleidigenden Begegnungen der Parteien schützen, wenn es auch nicht vermeidlich ist, daß diese da und dort auf= brausen und heftig werden, wie dieses bei Theilungen u. s. w. leicht geschehen kann.

Den Schutz der Staatsanwaltschaft und der Gerichte wegen Beleidigungen in Anspruch nehmen zu müssen, mag der Notar mit größter Umsicht durch das eben empfohlene Benehmen zu vermeiden suchen, denn nichts würde ihm mehr im Vertrauen des Publikums schaden, als wenn er zu solcher Hilfe seine Zu= flucht nehmen müßte, und dann wohl gar sein Verfahren bei der öffentlichen Gerichtsverhandlung nicht als völlig tadellos erscheinen würde. — Aus vieljähriger Amtswirksamkeit in einem und demselben Bezirksgerichtssprengel in der Pfalz ist mir nur ein einziger Fall bekannt, wo ein Notar die strafrechtliche Ge= nugthuung gegen einen ganz unbändigen Menschen in Anspruch zu nehmen veranlaßt war.

Der Art. 6 des Gesetzes handelt von der Eidesleistung.

Es ist sehr zweckmäßig, daß diese in der öffentlichen Sitzung des Bezirksgerichtes geschieht.

Diese Eidesleistungen in öffentlicher Sitzung lassen, wenn sie auch gewöhnlich nicht mit einer b e s o n d e r e n Feierlichkeit verbunden werden, wie dieses aber vielleicht bei der jetzigen erst= maligen Eidesleistung angeordnet werden wird, dem Schwörenden immer einen tiefen und wohlthätigen Eindruck zurück. Schon der Ernst und die Feierlichkeit einer jeden öffentlichen Sitzung erweckt in dem zu verpflichtenden Beamten, der dazu nicht blos im F e s t g e w a n d e e r s c h e i n e n, sondern auch redliche ernste Vorsätze mitbringen soll, eine weihevolle Stimmung, und wenn nun vollends der Vorsitzende des Gerichtes es versteht, in ge= diegener Rede dem wichtigen Augenblicke die rechte Weihe zu geben und die Bedeutung des abzulegenden Eides in das rechte Licht zu setzen, so wird dieser Akt für den schwörenden Beamten, so lange er lebt, eine erhebende die gefaßten Vorsätze kräftigende Erinnerung bleiben, die ihn nicht nur im alltäglichen Leben, son= dern vor Allem auch bei politischen Schwankungen schützt und auf dem Pfade der Treue für König und Verfassung zu erhalten vermag.

In dem anwesenden Publikum erhöht dann die feierliche Eidesleistung das Verständniß für die Bedeutung des Staats= amtes und die wahre, aus Ueberzeugung, nicht aus Furcht und Kriecherei erwachsende Ehrerbietung für dasselbe.

So wirkt die Oeffentlichkeit des Verfahrens in allen ein= zelnen Erscheinungen desselben, und so muß es auch in allen Be= ziehungen verstanden und aufgefaßt werden.

In der Pfalz werden alle richterlichen Beamten, ja selbst zum Theil die Hilfsbeamten der gerichtlichen Polizei, beispiels= weise die Forstbeamten, in öffentlicher Sitzung des k. Appella= tionsgerichtes oder beziehungsweise des Bezirksgerichtes beeidigt, was gewiß nicht ohne die obengeschilderten guten Früchte bleibt.

Die Notare werden nicht versäumen, zur Beeidigung ihr Ernennungsdekret mitzubringen, weil auf dieses die Beurkundung der geschehenen Eidesleistung durch den Sekretär geschrieben werden wird, und ebenso den Nachweis über die erfolgte Cau= tionsstellung — Art. 98 des Gesetzes — und werden es natür= lich unterlassen, vor ihrer Beeidigung irgend einen Notariats= akt aufzunehmen, da der Eid dem Antritt des Amtes vorauszu= gehen hat, wie aus dem Wortlaute des Art. 6 „vor dem An= tritte 2c. 2c." hervorgeht.

Manchem Notare wird die Vorschrift des Art. 7 des Ge= setzes ganz oder theilweise unverständlich sein.

Der äußeren Form der Urkunden und den Erfordernissen für eine Gewährschaft ihrer Unveränderlichkeit ist bis jetzt, man kann es nicht läugnen, im älteren Theile des Vaterlandes gar zu wenig Aufmerksamkeit und Sorgfalt zugewendet gewesen.

Wie häufig waren die Vertragsprotokolle nicht geschrieben, sondern wahrhaft geschmiert, mit Ausstreichungen, Ueberschrei= bungen, Correkturen, Rasuren — oft gerade in den wichtigsten Vertragsbestimmungen — überhäuft.

Das Notariatsgesetz wird diesem Uebel schnell ein Ende machen. Es hat die trefflichen eingehenden Vorschriften, welche die pfälzische Notariats= und Civilprozeß=Ordnung gegen solche Mißbräuche enthält, durch welche der nachträglichen Entstellung der Protokolle Thür und Thor geöffnet war, auf das Rechts= gebiet der sieben älteren Provinzen herüber verpflanzt, und der Entwurf des neuen Civilprozesses enthält bereits das Comple= ment hiezu.

Die erste dieser rein formalen Bestimmungen ist in diesem Art. 7 des Gesetzes enthalten.

Der Handzug — ist eine Abkürzung der Namensunterschrift des Beamten, beispielsweise, wenn der Name des Notars — Baumann — ist, in der Art: Bmn. Er wird theils auf einer jeden Seite der Urkunde, unten wo die Zeilen zu Ende sind, unter die letzte Zeile gesetzt, damit nicht auf den übrig bleibenden Raum durch Dritte etwas Weiteres fälschlich beigesetzt werden könne, theils oben hin unter die Ziffer mit welcher die Seitenzahl bezeichnet wird, damit nicht durch einen Dritten eine Veränderung der Urkunde dadurch bewerkstelligt werden könne, daß ein Blatt herausgenommen und durch ein anderes gefälschtes ersetzt werden könne. — Art. 67 des Gesetzes.

Damit sämmtliche Gerichte des Appellationsgerichtssprengels in den Stand gesetzt sind, auf den ihnen zu Handen kommenden Urkunden Handzug und Namensunterschrift prüfen zu können, ob sie die des treffenden Beamten seien, muß bei jedem Gerichte die in den Artikeln 7 und 8 angeordnete Hinterlegung geschehen.

Außerhalb des Appellationsgerichtssprengels desjenigen Bezirksgerichts, in dessen Sprengel der Notar seinen Amtssitz hat, kann die Urkunde nur mit der Beglaubigung des Bezirksgerichts-Direktors oder des Stadt- oder Landgerichtes, in deren Sprengel der Notar wohnt, auf öffentlichen Glauben Anspruch machen. — Art. 97 des Gesetzes.

Daß diese Beglaubigung mit genauer Kenntniß von Unterschrift und Handzug des Notars geschehen könne, ist die weitere Veranlassung der Vorschrift des Art. 7.

Es steht zwar nicht ausdrücklich im Gesetze, daß auch ein Exemplar für das Appellationsgericht selbst bei dem treffenden Bezirksgerichte mit zu übergeben und durch dieses dem Appellationsgerichte vorzulegen ist. Dies dürfte sich aber von selbst verstehen, weil das Appellationsgericht denn doch auch ein Gericht des Appellationsgerichtssprengels ist, und dasselbe gleichfalls in die Lage kommen kann, vergleichen zu wollen, ob Namensunterschrift und Handzug auf einer bei demselben zur Vorlage kommenden Urkunde ächt sind.

Der Vorschrift des Art. 7 wird in der Art Genüge geschehen, daß auf einen halben Bogen geschrieben wird:

„Namensunterschrift des zu Schwandorf wohnenden No=
„tars Baumann — :

„Baumann" —

„Handzug desselben Notars — :

Bmn. oder Bam.

Unterzeichnet — der k. Notar

Baumann.

Die in solcher Weise beschriebenen halben Bogen werden
zum Zweck der Hinterlegung in der genügenden Anzahl mit
einem Umschlage versehen, auf welchem der Notar die Zahl der
darin liegenden halben Bogen benennt und unterzeichnet — etwa
in dieser Form:

Fünf und dreißig Exemplare des Handzuges und der Na=
mensunterschrift des Notars Keller zu Sulzbach zur Hin=
terlegung bei den Gerichten der Oberpfalz und von Re=
gensburg dem k. Bezirksgerichte in Amberg übergeben am
ersten Juli achtzehnhundert zwei und sechszig.

unterz. Keller.

Er wird sie am einfachsten demjenigen Sekretäre des k. Be=
zirksgerichts einhändigen dürfen, welcher bei der Beeidigung in
öffentlicher Sitzung das Protokoll führt, wenn nicht in der von
dem k. Staatsministerium der Justiz zu erlassenden Geschäfts=
ordnung eine andere Anordnung hierüber erlassen wird. Ueber
diese Hinterlegung wird er von dem Bezirksgerichte eine Beschei=
nigung mit Angabe der Zahl der hinterlegten Exemplare erhal=
ten müssen.

Hierüber wird er, wenn er in seinen Amtssitz zurückkehrt,
einen Akt aufnehmen, in welchem er die geschehene Hinterlegung
seiner Unterschrift und seines Handzuges bei dem k. Bezirksge=
richte beurkundet, und welchem er die erhaltene Empfangsbe=
scheinigung, die in der Urkunde anzuführen ist, beifügt. Diese
Hinterlegungsurkunde wird des Notars erster Akt in seiner
Sammlung sein.

Es ist den Notaren sehr zu rathen, ihre Namensunterschrift
auf ihren Urkunden und Ausfertigungen recht deutlich zu schreiben,
damit dieselbe überall richtig gelesen werden könne. Viele Men=
schen setzen einen Werth hinein und gewöhnen sich, ihre Unter=
schrift recht undeutlich und verzwickt zu schreiben. Bei einem

Notare ist eine solche Angewöhnung mit vielen Mißständen ver=
bunden und beeinträchtigt die Rechtssicherheit seiner Akten.

Von der Bestimmung des Art. 8 sollte so selten als mög=
lich Gebrauch gemacht werden, weil eine solche Aenderung immer=
hin die Rechtssicherheit der vor der Aenderung aufgenommenen
Urkunden einigermaßen zu gefährden geeignet ist.

Daß die Notare vor Allem die Grenzen ihrer Zuständig=
keit, wie sie im Art. 9 des Gesetzes gesteckt sind, auf das ge=
wissenhafteste einzuhalten haben, verstünde sich, weil dieses die
oberste aller Pflichten eines vorsichtigen und gewissenhaften Be=
amten ist, von selbst, wenn auch nicht gegen die Zuwiderhand=
lung eine ernste Strafe im Artikel selbst und ein schwerer Rechts=
nachtheil im Art. 148 des Gesetzes angedroht wäre.

Die Zuständigkeitsgrenzen sind aber auch weit genug gesetzt.
Es ist der größte Vortheil dieser neuen Einrichtung, daß die
Notare im ganzen Sprengel desjenigen Bezirksgerichtes, zu wel=
chem ihr Amtssitz gehört, Amtshandlungen vornehmen dürfen,
und daß die Gerichtsbaren nicht an den Notar ihres Wohnortes
gebunden sind.

Der Notar in Amberg darf also nicht nur im Umkreise
des Land= und Stadtgerichts Amberg, sondern auch der Land=
gerichte Vilseck, Sulzbach, Auerbach, Kastl, Parsberg, Hilpolt=
stein amtiren, wo ihn das Vertrauen von Gerichtsbaren in die=
sem weiten Sprengel hinruft.

Aber das Vertrauen des Publikums ist nicht einmal an
diese Grenze gebunden; der Art. 44 des Gesetzes erweitert diese
noch in ausgedehntem Maße.

Wer in Amberg wohnt, darf, wenn sich in Regensburg ein
Notar befindet, zu dem er besonderes Vertrauen hat, zwar diesen
nicht zu sich nach Amberg rufen, aber er kann nach Regensburg
zu ihm gehen, um dort bei ihm seine letztwillige Verfügung auf=
nehmen zu lassen oder zu hinterlegen, oder kann, wenn er einen
Vertrag mit einem Anderen abzuschließen hat, mit diesem, wenn
dieser sich gleichfalls zur Wahl des dortigen Notars versteht,
nach Regensburg reisen, um dort den Vertrag abzuschließen,
wenn es auch ein Vertrag über ein in Amberg liegendes Haus
oder sonstiges Grundstück sein sollte; oder sie können den Notar
nach Schwandorf oder an einen sonstigen ihrem Wohnorte näher

gelegenen Ort bestellen, um an diesem den Vertrag aufzunehmen, soferne dieser Ort nur noch zum Sprengel des Bezirksgerichts Regensburg gehört.

Nach dem Absatze 2 des Art. 9 darf der Notar außerhalb seines Wohnsitzes kein ständiges Geschäftslokal für sich oder seinen Gehilfen haben.

Mit dieser Bestimmung läßt sich aber wohl vereinbaren, daß der Notar, wenn er in einen entfernten Ort gerufen, und nun seine Anwesenheit von den übrigen Bewohnern in Erfahrung gebracht wird, auch einen oder mehre andere Geschäfte, welche ihm angesonnen werden, vornehme, und daß dieses öfter geschehe, — oder daß sich der Notar an einem von seinem Wohnsitze entfernten Orte des Bezirksgerichtssprengels regelmäßig und ohne daß er zu einem bestimmten Geschäfte gerufen wurde, einfindet, um sich daselbst mit denjenigen Personen, welche seine amtliche Thätigkeit etwa in Anspruch nehmen wollen, zu besprechen und auf deren allenfallsiges Verlangen Urkunden aufzunehmen.

Dies kömmt namentlich häufig vor bei Orten, die nicht allzufern von einem Notariatssitze gelegen, aber von allen anderen Notariatssitzen sehr weit entfernt sind, so daß die Notariatspraxis in denselben sich ausschließend einem und demselben Notare zuwendet.

Es ist dasselbe Verhältniß, wie wenn die Bewohner eines Ortes mit verschiebbaren ärztlichen Berathungen warten bis der Arzt, den sie gewohnt sind ein oder mehrmals in der Woche in ihrem entlegenen Wohnorte zu sehen, dahin kommt, um ihn dann auch ihrerseits zu Rathe zu ziehen.

Die Notariatsgebührenordnung hat auch für solche Fälle schon Vorsorge getroffen. Art. 22 derselben.

Der Notar kann aber hiebei, wie überhaupt in Beziehung auf die Ausnützung der Grenzen seiner Zuständigkeit, nicht vorsichtig genug sein und muß hierin ebenso rücksichtsvoll handeln, als der Arzt.

Dabei darf ihn nicht etwa blos die Rücksicht leiten, nicht in die Scylla der Art. 113 ff. und Art. 148 des Notariatsgesetzes zu verfallen, sondern noch weit mehr die Pflicht der Selbstachtung und die Scheu in die verderbliche Charybdis eines beschmutzten Namens zu gerathen. Dieser unvermeidlichen Gefahr setzt er sich aber durch jede Handlung aus, die nur den leisesten Verdacht erregt, daß er seine Praxis eigennützig auf schmutzigem, die zarten Rücksichten gegen seine Collegen verletzendem Wege zu erweitern bestrebt sei.

Sinkende Achtung dieser, schwindendes Vertrauen der Vorgesetzten und deshalb scharfe mißtrauische Ueberwachung, gänzlicher Verlust des Vertrauens des Publikums und damit zugleich die Einbuße der auf verächtlichem Wege gewonnenen oder gesteigerten Praxis sind die unvermeidlichen Folgen solchen Eigennutzes.

Verachtung eines jeden unzarten Mittels ist bei dem Notar nicht minder, als bei dem Arzt und Advokaten die beste Grundlage einer dauernden Geschäftsmehrung.

In welcher Weise die Uebersendung der im Art. 11, 12, 13 und anderen erwähnten vor dem Notare abgegebenen Erklärungen und vor ihm errichteten Urkunden an die Gerichte, beziehungsweise an das Hypothekenamt zu geschehen habe, darüber sagt das Gesetz nichts.

Es ist zu erwarten, daß die im Art. 153 des Gesetzes angekündigte Geschäftsordnung sich darüber aussprechen wird, und zu hoffen, daß deren Anordnung die möglichst einfache Behandlungsweise vorschreiben oder zulassen wird.

Wenn der Notar bei jeder derartigen Uebersendung ein Schreiben oder einen Bericht dazu machen, eine förmliche Correspondenz führen, oder wenn bei Vorlage solcher Notariats-Urkunden, welche nach den bestehenden Gesetzen eine gerichtliche Prüfung, Bestätigung oder eine Beschlußfassung erfordern, Art. 18 des Gerichtsorganisationsgesetzes, Art. 51 des Notariatsgesetzes rc. rc. die Nothwendigkeit der Einreichung durch eine Advokaten-Eingabe ausgesprochen werden würde, so wäre dieses wieder ein Festhalten der alten Vielschreibereigewohnheit, welcher mit dem 30. Juni 1862 zum Heile unseres Vaterlandes der letzte Tag angebrochen sein sollte.

Das Einfachste würde sein, wenn den Notaren ein für allemal gestattet werden würde, solche Vorlagen entweder durch die Betheiligten selbst besorgen zu lassen, wie dieses

in der Tagordnung Art. 12, Nummer 47 bereits vorge-
sehen ist,

oder ihre Urkunden,

a) wenn sie einem Gerichte oder Hypothekenamte am Wohnsitze des Notars vorgelegt werden, einfach durch ihren
Schreiber oder Auslaufer dort zum Einlaufe geben und
in einem zu diesem Zwecke zu haltenden Empfangsbeschei-
nigungsbuche, in welchem die Abgabe durch den Notar im
Voraus einzutragen ist, diese durch den empfangenden Bediensteten des Gerichtes unterzeichnen lassen zu dürfen, oder

b) wenn sie an ein auswärtiges Gericht oder Hypothekenamt
vorzulegen sind, gegen Bescheinigung in einem Postbuche
der Post übergeben zu dürfen;

in allen Fällen der Art ohne alle Begleitungsschreiben oder Be-
gleitungsberichte, während der Zweck der Vorlage nur durch
einige Worte angegeben wird, welche auf ein an die Urkunde
mittelst einer Oblate anzuklebendes Zettelchen von dem Notare
gesetzt werden; beispielsweise bei einer Verlassenschaftstheilung,
bei welcher Minderjährige betheiligt sind: „zur gefälligen Genehmigung vorgelegt."

unterz.: „Notar Keller."

Bei Vorlagen an das Hypothekenamt z. B. der Schuldurkunden, in welchen zugleich dem Gläubiger für die Forderung
Hypothek eingeräumt wird, und welche künftig vor den Notaren
zu errichten sind, wird es in der Regel nicht einmal dieses Bei-
satzes bedürfen, da der Zweck, Hypothekeneintragung oder Lö-
schung und dergl. aus der Urkunde selbst sofort ersichtlich
sein wird.

In der Pfalz wird der Verkehr zwischen Notar und Gericht
auf solche einfache Weise vermittelt und, wo es nicht geschieht,
steht nur der Umstand entgegen, daß gesetzlich die Vorlage an
das Gericht durch einen Anwaltsakt zu geschehen hat, wofür dem
Anwalte eine Gebühr zusteht. Wo dieser Umweg gesetzlich nicht
besteht, unterlasse man doch die Einführung desselben.

Der bloßen „Courtoisie" wegen eine weitere Förmlichkeit
für solche Uebersendungen einzuführen, wäre in der That nicht
zu rechtfertigen. — Durch bloße gegenseitige Förmlichkeiten gewinnen beide Theile gar nichts, verlieren aber Zeit für Besseres.

An die Stelle der an das Hypothekenamt oder das Ge=
richt abgegebenen Urschrift legt der Notar in das Käſtchen, in
welchem er die Urkunden des laufenden Jahres ſammelt, da, wo
er nach dem Geſetze vor der Abgabe der Urſchrift eine Abſchrift
fertigen muß, — Art. 92 des Geſetzes — dieſe Abſchrift, wo
er aber eine Abſchrift nach dieſem eben angeführten Geſetzes=
artikel vorher nicht zu fertigen braucht, einen halben Bogen
Papier, auf welchem er Nummer, Datum des Aktes, ſummariſche
Bezeichnung des Gegenſtandes der Urkunde, Tag der Abgabe,
und wohin dieſelbe abgegeben worden, vormerkt, etwa auch die
Nummer, unter welcher die Abgabe an die Poſt im Poſtbuche
beſcheinigt iſt.

Näheres über dieſe zurückzubehaltenden Abſchriften wird
unten zur Erläuterung des Art. 92 geſagt werden.

Hier ſei nur noch bemerkt, daß dieſer Art. 92 zwar von
der Anordnung der Zurückbehaltung einer Abſchrift nur die Fälle
des Art. 13 und 15, aber nicht ausdrücklich auch den Fall
des Art. 12, Abſatz 3 —, ausnimmt, wo die Urſchrift an das
Hypothekenamt behufs Eintragungen und Vormerkungen oder
dergl. im Hypothekenbuche gelangt.

Auch in dieſem Falle wird es nicht nöthig ſein, eine Ab=
ſchrift vorher zu fertigen. Es wäre dieſes, da in ſolchem Falle
die Urſchrift in der kürzeſten Friſt wieder an den Notar zurück=
gelangen kann und muß, Art. 15, Abſatz 4, beſonders wenn das
Hypothekenamt am Orte des Wohnſitzes des Notars iſt, ebenſo
zwecklos, als zeitraubend und hinderlich für die beſchleunigte
Abgabe der Urſchrift an das Hypothekenamt und die raſche Be=
ſorgung des Geſchäftes bei dieſem.

Ueber dieſes müſſen wohl die Beſtimmungen des Art. 12,
Abſatz 2 und 3 und des Art. 15, Abſatz 4 als ein zuſammen=
hängendes Ganzes angeſehen werden, und dürfte ſohin das im
Art. 92, Abſatz 3 über den Art. 15 Geſagte auch auf den in
dieſem Artikel in Bezug genommenen Fall des Art. 12, Abſatz 2
zu beziehen ſein.

Bei Art. 14 iſt zu bemerken, daß die Beurkundung der in
dieſem Artikel bezeichneten Verträge, auch wenn ſie eine Erb=
theilung enthalten, ſonach einen Beſtandtheil einer Verlaſſen=
ſchaftsauseinanderſetzung bilden, oder wenn ſie der gerichtlichen

Prüfung oder Bestätigung unterliegen, Art. 18, Absatz 4 des Gerichtsverfassungsgesetzes —, ausschließend den Notaren übertragen ist.

Diese Verträge wurden aus dem Kreise derjenigen Gegenstände der nicht streitigen Rechtspflege, welche fakultativ entweder bei einem Gerichte oder von einem Notar vorgenommen werden können, absichtlich ausgenommen, und deshalb statt des im Entwurfe zum Notariatsgesetz von 1851 an dieser Stelle enthaltenen Ausdrucks „öffentliche Urkunden" der Ausdruck „Notariats-Urkunden" gesetzt.

Der Art. 18 des Gesetzes überträgt alle Immobiliar-Versteigerungen den Notaren.

Bei diesen ist eine Hauptpflicht des Notars darüber zu wachen, daß nicht durch die bisher häufig gewesenen Vorkommnisse die Rechtssicherheit des Ergebnisses der Versteigerung gefährdet werde.

Es ist nemlich nicht selten üblich, daß solche Versteigerungen in den Wirthshäusern abgehalten werden. — Von den Landleuten wird eine solche Versteigerung als ein Fest angesehen, bei welchem tüchtig getrunken und geraucht wird, die Wirthe betrachten sie als eine ergiebige Einnahmsquelle.

Durch den Genuß von Getränken werden die Leute aufgeregt, erhitzt und theils zu Rohheiten, Störungen der Ordnung und Verletzung der Achtung vor dem Notare, wenn er Ordnung halten will, hingerissen, theils zu unüberlegten, nach dem wahren Werthe der Versteigerungsgegenstände weit übertriebenen Angeboten hingerissen.

Dieser letztere Gesichtspunkt veranlaßt nicht selten die Versteigerer oder solche, welche an der Erzielung eines recht hohen Preises betheiligt sind, offen oder heimlich durch Zahlung von Speisen und Getränken, zu bewirken, daß tüchtig getrunken werde.

Dann werden aber auch nicht selten die Meistgebote in der Folge als im Zustande der Betrunkenheit gegeben und wegen Mangels freier Willensbestimmung angefochten.

Allen diesen Mißständen vorzubeugen, müssen die Notare sich von vorneherein weigern, Versteigerungen in Wirthshäusern vorzunehmen und, wo ein solcher Gebrauch besteht, demselben mit aller Kraft entgegentreten, wenn ihnen an dem Ernste und der Würde eines jeden von ihnen beurkundeten Rechtsgeschäftes und an der Rechtsbeständigkeit ihrer Akten gelegen ist.

In der Pfalz war die Gewohnheit der Abhaltung der Versteigerungen in Wirthshäusern mit allen den geschilderten Übeln Auswüchsen sehr fest eingewurzelt, und es bedurfte aller Kraft des besseren Theils der Notare, unterstützt durch Staatsanwaltschaft und Verwaltungsbehörden, daß der Mißbrauch beseitigt wurde.

Die letzteren haben bereitwillig dazu mitgewirkt, daß jetzt überall Gemeinderäumlichkeiten, Rathhaus- Schul-Säle und dergleichen dazu verwendet werden dürfen.

Die k. Staatsregierung wird gewiß diesseits schon gleich von Anfang an hiefür besorgt sein, und die Notare in ihrem Streben gegen solche Mißbräuche unterstützen.

Die Errichtung der Inventare ist durch Art. 19 den Notaren ganz allein übertragen. Es ist ihnen damit eines der wesentlichsten Mittel zur Herstellung gesicherter Rechtszustände und zur Beseitigung endloser Rechtsstreite in die Hand gegeben.

Ihre Aufgabe wird in dieser Hinsicht eine doppelte sein:

1) Durch Aufklärung der Gerichtsbaren über die Bedeutung und Wichtigkeit der Inventars-Errichtung und bei Todesfällen in unbemittelteren Familien, durch unentgeltliche oder möglichst kostenfreie Errichtung des Inventars dahin zu wirken, daß die Inventars-Errichtung so selten als möglich unterlassen und daß sie baldmöglichst nach dem veranlassenden Todesfalle vorgenommen werde.

Schon das Interesse des Notars bringt es mit sich, daß die Errichtung des Inventars so selten als möglich unterbleibe, weil demjenigen Notare, welcher das Inventar errichtet und in Händen hat, in der Regel auch die Theilung der Verlassenschaft übertragen werden wird, da ja jeder andere Notar sich erst mit vielen Kosten die Ausfertigung des Inventares von demjenigen, welcher es errichtet hat, verschaffen müßte, während dieser die Theilung auf Grund seiner Urschrift errichten kann.

Aber nicht dieses Interesse, sondern das höhere für gesicherte Rechtszustände, die nur bestehen können, wenn die Herstellung des Vermögensbestandes nicht verschoben wird, soll sie bestimmen, Alles beizutragen, damit die Gerichtsbaren diese wichtige Rechts-

Handlung nicht unterlassen und sobald als möglich nach einge-
tretener Veranlassung vornehmen lassen.

In der Rheinpfalz ist man sich der Nothwendigkeit und
Nützlichkeit der jedesmaligen und schleunigen Vermögensauf-
nahmen vollständig bewußt geworden, und es wird von allen
Seiten, — den überlebenden Ehegatten, Vormündern und Notaren erkannt, zu welchen vielen herben Verlusten und schweren
Familienprozessen der Mangel rechtzeitiger Vermögensaufnahme
Anlaß gibt. Die Notare haben in richtiger Würdigung ihrer
Pflicht das Ihrige dazu beigetragen, diese Erkenntniß zu ver-
breiten und lassen sich dort herbei, da, wo die Kosten der In-
ventarsaufnahme in zu entschiedenem Mißverhältnisse mit dem
Vermögensbestande stehen würden, beispielsweise bei weiten Ent-
fernungen wegen der Reisekosten, die Vermögensaufnahmen unentgeldlich zu besorgen, indem sie dieselben mit anderen an demselben Orte vorzunehmenden Geschäften verbinden.

Wegen der Bedeutung und Wichtigkeit der Vermögensaufnahmen für den Rechtszustand besteht dann

2) die weitere Aufgabe der Notare darin, diese mit größter
Gewissenhaftigkeit und Sorgfalt vorzunehmen, recht eindringlich
auf die Gerichtsbaren einzuwirken, um unwahren Angaben oder
Verheimlichungen vorzubeugen, namentlich dabei nicht zu viel
ihren Gehilfen oder Schreibern zu überlassen, wie es zuweilen
geschieht, weil dabei nicht selten in enge, wohl auch da und dort
schmutzige Räumlichkeiten eingetreten werden muß.

Nach Art. 21 des Gesetzes können Vergleiche, selbst
wenn sie einen anhängigen Rechtsstreit betreffen, vor einem
Notare errichtet werden.

Hier ist das Feld, wo der Notar am segensreichsten zu
wirken Gelegenheit hat, wenn es ihm gelungen ist, sich das
Vertrauen der Gerichtsbaren zu erwerben, der Rechtsfreund und
Rathgeber der Familien zu werden. Es darf hier auf das hingewiesen werden, was in dem an der Spitze dieses kleinen Leitfadens abgedruckten Aufsatze über diesen Zweig der Wirksamkeit
der Notare gesagt und aus der Erfahrung mitgetheilt ist, und
wird noch Einiges hierüber zu Art. 30 bemerkt werden.

Wenn den Notar ein tiefer sittlicher Ernst für seinen Beruf
und eine wahre begeisterte Liebe für denselben beseelt, so wird

seinem Wirken auf diesem Felde ein großer Erfolg und reicher Segen nicht fehlen. —

Wenn dem Notare eine Privaturkunde zu dem im Art. 22 bezeichneten Zwecke übergeben wird, wie auch im Falle des Art. 152 des Gesetzes, darf er nicht versäumen, die Vorschriften des Art. 68 des Gesetzes genau zu beobachten, durch Zusammen= heften der Beilagen mit der über die Hinterlegung von ihm aufgenommenen Urkunde und Anheftung der die Urkunde und Beilagen verbindenden Schnur am Ende der Urkunde.

Die hinterlegte Urkunde muß natürlich in der über die Hinterlegung aufgenommenen Urkunde möglichst genau beschrieben werden.

Ist sie eine öffentliche Urkunde z. B. Vollmacht — Art. 68, Absatz 2 —, so wird es genügen, den Beamten zu bezeichnen, der sie aufgenommen hat, Datum und Gegenstand derselben an= zuführen. Ist sie eine Privaturkunde, so muß sie genauer, ein= gehender beschrieben werden, damit für alle Zukunft der Verdacht beseitigt sei, daß der ursprünglich hinterlegten eine andere sub= stituirt worden sei.

Allein zur Sicherung dieses Zweckes ist noch eine weitere Vorsichtsmaßregel geboten.

Ehe nemlich der Notar die von ihm über die Hinterlegung errichtete Urkunde durch die hinterlegende Partei unterzeichnen läßt, setzt er auf die hinterlegte Urkunde, am Ende derselben die Worte:

„Hinterlegt durch den N. N. bei dem k. Notare N. N.
„am . . . . . (Datum und Jahreszahl) und gegen Ver=
„änderung gezeichnet durch den hinterlegenden N. N. und
„den Notar"

unterzeichnet diese Worte selbst und läßt sie durch die hinter= legende Person unterzeichnen.

Daß dieses geschehen sei, wird dann am Schlusse der über die Hinterlegung errichteten Urkunde bemerkt, die natürlich eben= falls von der hinterlegenden Person und dem Notar unterzeichnet werden muß.

Dieses „Zeichnen gegen Veränderung" ist eine Vorsichts= maßregel, welche sich einem vorsichtigen Beamten gar oft empfiehlt, so vor Allem bei Hinterlegung von Testamenten, um den Ein=

wand der Unterschiebung unwiderleglich abzuschneiden. — Für diesen Fall enthält der Art. 61 besondere Vorschriften, welche dort besprochen werden sollen. In der Pfalz muß sie beispielsweise von dem Untersuchungsrichter nach dem Gesetze dann angewendet werden, wenn er irgend einer Person, einem Zeugen oder Beschuldigten ein Ueberführungsstück, eine Urkunde, eine entwendete Uhrkette und dergl. vorzeigt, wo er die Identität des vorgezeigten Gegenstandes dadurch beurkunden muß, daß er auf die vorgezeigte Urkunde oder auf einen an dem vorgezeigten Gegenstande befestigten Papierstreifen die Worte setzt: „gegen Veränderung gezeichnet" und diese Worte durch jene Person unterzeichnen läßt, aber auch selbst unterzeichnet.

Es versteht sich, abgesehen von den für Testamente geltenden besonderen Bestimmungen — Art. 26, Abf. 2 — von selbst daß eine solche bei dem Notare hinterlegte Urkunde, sobald die Hinterlegung geschehen ist, nicht wieder von dem Hinterlegenden zurückgezogen, noch von dem Notare an diesen zurückgegeben werden kann.

Sie bildet nach Art. 22, Abf. 2 mit der über die Hinterlegung aufgenommenen Urkunde eine Urschrift, welche unter die Regel der Art. 82 und 92 des Gesetzes fällt, wonach der Notar der Bewahrer der Urschriften ist und deren Besitz nur in den von den Gesetzen vorgesehenen Fällen oder kraft eines richterlichen Beschlusses aufgeben darf.

Ueber den Absatz 3 dieses Art. 22 und über dessen Beachtung durch den Notar bei Ausfertigung einer bei ihm hinterlegten Privaturkunde, wird bei Art. 84 das Nöthige gesagt werden.

Nach Art. 14 muß der Notar Ladungen, welche er an einzelne Personen in Folge eines gerichtlichen Auftrages, etwa zu einer Inventarisation, angeordneten Versteigerung oder dergleichen erläßt, durch das Gericht bewirken lassen.

Ich möchte den Notaren rathen, von dieser Verfügung so sparsam als möglich, nur in Fällen, wo es gar nicht zu umgehen ist, und da erst dann Gebrauch zu machen, wenn der Versuch, eine Person zum freiwilligen Erscheinen durch eine einfache mündliche oder briefliche Einladung oder Aufforderung zu bestimmen, wiederholt mißlungen ist.

Es soll Regel bei dem Notar sein, daß er die Leute durch

einfache mündliche Bestellung oder durch kurze Privatbriefchen, wie es der Advokat auch macht, auf seine Amtsstube bringt.

Je weniger der Notar der Hilfe der Gerichte bedarf, je mehr seine Gerichtsbarkeit den Charakter der „freiwilligen" beibehält, desto mehr entspricht sie dem Grundcharakter der Einrichtung, desto mehr Vertrauen erweckt sie dem Notare bei den Gerichtsbaren, was zugleich auch den größten materiellen Nutzen für den Notar bringt. Es ist darum erfreulich, daß für solche Ladungen auch keine Gebühr eröffnet wurde — Art. 30, Abf. 94 der Taxordnung.

Die Art. 25 und 26 enthalten die gesetzlichen Verfügungen über die Wirksamkeit letztwilliger Verfügungen, welche dem Notare verschlossen übergeben werden, und über die Wirkung der Rückgabe derselben, sowie das bei der Rückgabe zu beobachtende Verfahren, während das Verfahren bei der Uebergabe näher bei Art. 61 geordnet wird.

Wenn, wie der Art. 26 vorsieht, die übergebene letztwillige Verfügung dem Disponenten sogleich wieder zurückgestellt wird, so kann sie natürlich die im Art. 25 bezeichnete Kraft nur dann, trotz der sofortigen Zurückstellung, behalten, wenn die Uebergabe bereits in der durch Art. 61 vorgezeichneten Form geschehen und beurkundet war, und die letztwillige Verfügung mit der dieses darthuenden äußeren Beurkundung, Art. 61, Abf. 2, durch welche die Identität der übergebenen letztwilligen Verfügung allein festgestellt werden kann, zurückgegeben wird. So wird ohne Zweifel dieses „sogleich" im Art. 26 verstanden werden müssen.

Wenn Jemand seinen letzten Willen nicht in der im Art. 60 bestimmten Form errichten, sondern denselben verschlossen dem Notare übergeben will, so unterliegt es keinem Anstande, daß er sich über das Testament vorher mit einem Notare, als seinem Rathgeber und Rechtsfreunde, privatim berathen und bei Entwerfung, Verabfassung und Verschließung desselben seiner Hilfe bedienen kann, damit es auch rechtsbeständig sei, und daß er es dann auch verschlossen demselben Notare, als öffentlichem Beamten, übergeben kann. Auch wird kein Notar Anstand zu nehmen brauchen, zuerst in solcher Weise seinen Rath und seine Hilfe als Freund zu gewähren und dann als Beamter das Testament verschlossen in Empfang zu nehmen, um ihm die im Art. 25 bezeichnete Kraft zu gewähren.

Beide Handlungen enthalten durchaus nichts Unvereinbares oder sich wechselseitig Ausschließendes, und in dem zur Abfassung des Testaments gegebenen mündlichen oder schriftlichen Rathe, der der Ausfluß eines ihm geschenkten, besonderen Vertrauens, eines reinen Privatverhältnisses ist, liegt nichts, was die Unpartheilichkeit, Unverdächtigkeit und Zuverlässigkeit der nachherigen amtlichen Thätigkeit des Notars zu beeinträchtigen vermöchte.

Die Bestimmung im zweiten Absatze des Art. 29 läßt deutlich zwischen den Zeilen erkennen, daß der Notar unbeanstandet sogar als Verlassenschaftskommissär in einem ihm verschlossen übergebenen Testamente ernannt werden kann, selbst wenn er privatim bei diesem Testamente als Rathgeber des Testators thätig gewesen wäre, — denn es geht aus derselben hervor, daß die „Ermächtigung" eines Notars zur Auseinandersetzung einer Verlassenschaft-Testamentars-Ernennung, vom Gesetze überhaupt nicht als eine Betheiligung desselben angesehen wird, welche ihn nach Art. 47 des Gesetzes hinderte die Verhandlung aufzunehmen.

Daß sich der Notar auf Verlangen dessen, welcher ihm ein Testament verschlossen übergeben will, zu diesem Zwecke, sowie zum Behufe der Errichtung eines letzten Willens vor ihm und zu jedem in seine Zuständigkeit gehörigen Geschäfte, wenn es von den seine amtliche Thätigkeit in Anspruch nehmenden Personen gewünscht wird, in die Wohnung des Disponenten begibt, versteht sich von selbst und würde hier nicht besonders berührt werden, wenn nicht ein Bedenken hierüber laut geworden wäre.

Der Notar muß natürlicherweise hierin mit der äußersten Rücksicht zu Werke gehen und nicht etwa seinerseits die Initiative dazu der etwaigen Reisegebühren wegen, geben, was ihm sehr schnell alles Vertrauen rauben würde, — sondern sich zu vergewissern suchen; ob und warum es der ernstliche Wunsch der Partei sei, bei Testamentsaufnahmen natürlich mit sorgfältiger Vermeidung von Verzögerungen.

Bei den bisherigen Beamten der freiwilligen Rechtspflege kam leider zuweilen diese leidige „Diätenschneiderei" vor, und solche verwerfliche Persönlichkeiten konnten Jahre lang ihr Unwesen treiben, bis es zu Tage kam.

3*

Die Parteien mußten ja dennoch immer wieder ihre Hilfe in Anspruch nehmen.

Die Notare werden bedenken, daß dieses bei ihnen ein ganz anderes Verhältniß ist. — Die Gerichtsbaren kehren einem No= tare den Rücken, sobald man sich da und dort in die Ohren raunt, daß er „zu theuer" ist, — und dies flüstert man sich sehr bald in die Ohren, wenn er nur ein oder ein paar Mal unzart in solcher Beziehung ist, und insbesondere, wenn er ohne Noth Reisekosten veranlaßt. —

Die Notare mögen, wenn sie in den Fall kommen, nach Art. 27 des Gesetzes zu verfahren, wohl beachten.

1) Daß die Zuständigkeit zur Behandlung von Verlassen= schaften nicht selten sehr zweifelhaft ist, mögen daher wohl die Ver= nisse abwägen, welches Gericht sie in Kenntniß zu setzen haben, und wenn sie über die Zuständigkeit von zwei Gerichten im Zweifel sind, lieber beide benachrichtigen, dabei aber natürlich einem jeden derselben Kenntniß geben, daß im Zweifel auch das andere benachrichtigt wurde, damit beide Gerichte sich ohne Zeit= verlust verständigen können;

2) daß es am Schlusse des Artikels heißt: „davon zu be= nachrichtigen," daß sie also die bei ihnen liegende letztwillige Verfügung nicht sogleich mit überschicken sollen, denn es kann über die Zuständigkeit der Verlassenschaftsbehandlung Zweifel entstehen, dann gäbe es ein Hinüber= und Herüber=Schicken der letztwilligen Verfügung und Verlustgefahr, und dann ist, gerade um der mit der Versendung eines noch uneröffneten Testamentes an ein entferntes Gericht verknüpften Verlustgefahr zu begegnen, in den Art. 28 die Bestimmung aufgenommen worden, daß der Notar, bei welchem eine letztwillige Verfügung verschlossen hin= terlegt ist, wenn er sich nicht am Sitze des Verlassenschaftsge= richtes befindet, von diesem mit Eröffnung und Verkündung der letztwilligen Verfügung beauftragt werden kann. Dieses muß er also um so mehr abwarten, als die Gerichte die Vornahme die= ser Handlung in solchen Fällen in der Regel und wo nicht ganz besondere Umstände im Wege stehen, dem Notare, bei welchem die letztwillige Verfügung hinterlegt ist, übertragen werden, um der von dem Gesetzgeber beabsichtigten Abwendung der Verlust= gefahr willen.

Es versteht sich von selbst, daß den Betheiligten von dem zur Testamentseröffnung bestimmten Tage Kenntniß gegeben werden muß, um derselben persönlich oder durch Bevollmächtigte beiwohnen zu können. —

Es ist schon zu Art. 21 die Aufmerksamkeit der Notare darauf gelenkt worden, welche segensreiche Wirksamkeit ihnen durch die vom Gesetze den Notaren eingeräumte Befugniß der Vergleichserrichtung eröffnet worden ist.

Der Absatz 3 des Art. 30, wonach der Notar streitige Punkte an die Gerichte zu verweisen hat, gibt Veranlassung darauf hinzuweisen und noch einige Worte beizufügen.

Ein Notar, welcher lange Zeit an einem und demselben Orte als solcher wirkt, öfter schon Verlassenschaftstheilungen in einer und derselben Familie, nicht selten durch mehrere Generationen hindurch besorgt hat, kennt die Vermögens- und Rechtsverhältnisse der Familie oft so genau, wie der Hausvater selbst, und genießt dann in der Regel das Vertrauen der Betheiligten in solchem Maße, daß er am Besten im Stande ist, die unter denselben entstehenden Schwierigkeiten im Wege der Güte zu schlichten. In dem Erfolge dieser Bemühungen zeigt sich das Vertrauen, was er besitzt, und durch diesen Erfolg wächst im höchsten Maße das Vertrauen zu ihm, wenn er den Erfolg durch maßvolle Benützung des ihm entgegenkommenden Vertrauens und mit rücksichtsvoller Schonung des freien Willens der Betheiligten erzielt hat.

Gelingt es dem Notare nicht, die entstehenden Streitigkeiten zu schlichten, so soll er sich nicht darauf beschränken in seiner Urkunde zu sagen:

„Da die Betheiligten über diesen und jenen Punkt streitig
„wurden, so wurden sie zur Austragung an das zuständige
„Gericht verwiesen."

Der Notar kann und soll vielmehr in solchen Fällen das Möglichste thun, um den nun drohenden Streit schon von vorneherein so einfach als möglich zu gestalten.

Zu diesem Zwecke wird er die einzelnen Punkte, über welche die Parteien in Streit gerathen sind, theilen, und getheilt in seiner Urkunde nach einander anführen unter genauer Bezeichnung der einzelnen Betheiligten, zwischen welchen dieser oder jener Punkt streitig ist.

Dann wird er gut thun, die sich widerstreitenden thatsäch=
lichen Erklärungen der streitenden Betheiligten zu beurkunden.

Daß er sich dabei nicht an die prozessualischen unglückseli=
gen Grundsätze der litis contestatio negativa oder der Even=
tualmaxime halten und wohl gar den Advokaten der einen und
der anderen Partei machen, Exceptions= und Replikrezesse nieder=
schreiben lassen soll, wie der Instruent bei einem Verhörshandel,
versteht sich von selbst. Möglichst wahrheitsgetreu, klar, einfach
gibt er wieder, was jede der streitenden Parteien sagt, etwa
auch wie sich die anderen Betheiligten für oder wider that=
sächlich aussprechen, damit das Gericht auf einer schon mög=
lichst klar gestellten thatsächlichen Grundlage dann wo möglich
nur den Rechtspunkt zu entscheiden habe.

Dann schließt er seine Urkunde mit den Worten:

„Zur Entscheidung über diese Streitpunkte wurden die Be=
„theiligten an das zuständige Gericht verwiesen" —
(: — da er sich hüten wird, über die Zuständigkeit Maß geben
zu wollen —:) und läßt dann sämmtliche Betheiligte unter=
schreiben, wie bei jeder anderen Urkunde.

Es versteht sich von selbst, daß damit nicht unwiderruflich jede
weitere Verhandlung über die Sache vor ihm abgeschlossen ist. Mit
offenen Armen nimmt er die Sache wieder auf und setzt die Ver=
handlung fort, wenn die Parteien selbst kommen und erklären,
daß sie sich etwa über diesen oder jenen Punkt geeinigt haben.
— Sofort beurkundet er dieses, macht neue Versuche, auch die
anderen Streitpunkte zu vergleichen, beurkundet neue erhebliche
Erklärungen, welche die eine oder andere Partei darüber gibt.

In solcher Weise werden in der Pfalz gar oft beginnende
Prozesse durch die redliche Bemühung der Notare, auch sogar
häufig durch die Mitwirkung der bereits von den Parteien ge=
wählten Advokaten, welche mit ihnen vor dem Notare erscheinen,
theils ganz beseitigt, theils auf wenigere Streitpunkte gemindert,
und ich erinnere mich eines Falles, wo ein Prozeß über eine Ver=
lassenschaftstheilung mit vierzig einzelnen Streitpunkten von dem
Notare vor Gericht verwiesen und auf das Verzeichniß der zur
öffentlichen Verhandlung festzusetzenden Sachen gebracht war,
und wo es nach und nach dem Notare und den von den Par=
teien gewählten Sachwaltern gelang, bei wiederholten Verhand=

lungen vor dem Notare die vierzig Streitpunkte bis auf sechs herabzubringen und für diese sechs übrig bleibenden Streitpunkte die thatsächlichen Erklärungen der Betheiligten so aufzuklären, daß sie sich darüber vollkommen verständigt hatten und nun die Entscheidung des Gerichtes nur noch über die Rechtsfrage auf Grund der wechselseitig nicht mehr streitigen Thatfragen verlangten.

Solche Erfolge können durch das Notariat mit redlichem Willen erzielt werden.

Begreiflicher Weise wird aber auch solchen Notaren von den Gerichten vorzugsweise Vertrauen geschenkt und die Vornahme von Geschäften zugewiesen, so oft den Gerichten hiezu eine Mög=lichkeit geboten ist. —

Der Art. 35 des Gesetzes sagt zwar nur, daß die „Erben" nach dem Antritte der Erbschaft einem Notare die Auseinander=setzung der Verlassenschaft übertragen können.

Allein es kann diese Uebertragung auch durch das Ver=lassenschaftsgericht geschehen, wenn die Betheiligten zu=stimmen; der Art. 51 läßt hierüber keinen Zweifel.

Dagegen bedürfen die Erben zu dieser Uebertragung nicht der Zustimmung des Verlassenschaftsgerichtes, wohl aber deren der Kuratelbehörde, wenn sich unter den Erben Min=derjährige oder unter Kuratel gestellte Personen befinden. —

Zu Art. 38 wird an das erinnert, was im Eingange dieses Leitfadens über die Annahme und Zahl der Schreiber besprochen wurde.

Daß auch Notariats=Praktikanten, und zwar theils solche, welche blos um der Vorschrift des Art. 2, Abs. 2 des Notariats=gesetzes zu genügen, die Praxis genommen haben, theils solche welche diesem Erfordernisse bereits genügt haben und gegen Be=zahlung Dienste leisten, gerade so wie die Concipienten der Advokaten von dem Notare als Gehilfen in den Grenzen des Art. 38 verwendet werden dürfen, versteht sich von selbst.

Ein tüchtiger Notar, der gute Kräfte sachgemäß zu verwen=den weis, und zugleich menschenfreundlich ist, wird wissenschaftlich gebildete junge Leute nicht zu Schreiberdiensten verwenden.

Demohngeachtet wird er gut thun, Anfänger in der Praxis nicht nur zum Schreiben der Urschriften zu verwenden, damit sie sich daran gewöhnen deutlich, schön und correct zu schreiben, sondern auch zum Schreiben der Ausfertigungen, was auch gelernt sein will, wie Alles in der Welt. Ganz besonders soll der Notar junge Praktikanten auch zu auswärtigen Geschäften, Inventarserrichtungen und dergl. mitnehmen, damit sie jede Art von Geschäften kennen lernen, wo er sie dann auch zum Schreiben der Urschrift verwenden kann.

Weiter fortgeschrittene Praktikanten, oder bezahlte Gehilfen können bei einem Notare, der sich bereits eine starke Praxis erworben hat, sehr wesentliche Dienste leisten. Wenn sie auch nach Art. 38, Abs. 2 Urkunden außer Gegenwart des Notars nicht aufnehmen dürfen, ein Verbot dessen Uebertretung schwere Strafen gegen den Notar zur Folge haben würde, so dürfen sie doch mit den in Abwesenheit des Notars auf dessen Amtsstube erscheinenden Gerichtsbaren die vorzunehmenden Geschäfte besprechen, diesen die Anleitung über die etwa noch beizubringenden Papiere geben, dürfen die zu errichtenden Urkunden einstweilen schreiben, Verlassenschaftstheilungen und dergleichen größere Urkunden entwerfen, mit einem Worte die Errichtung der Urkunden vorbereiten, wenn und soweit ihnen der Stoff dazu durch die Betheiligten mündlich oder durch gesammelte Notizen und andere Urkunden zu Gebote steht.

Allein es versteht sich von selbst, daß dann der Notar selbst, ehe das Geschäft völlig abgeschlossen, die Urkunde vorgelesen und von den Betheiligten und ihm selbst unterzeichnet wird, dieselbe nicht nur seiner eigenen gewissenhaften Prüfung unterwerfe, ob sie allen äußeren und inneren Erfordernissen für die Rechtsbeständigkeit entspreche, sondern sich auch in Gegenwart aller Betheiligten und aus deren Munde versichere, daß in der also vorbereiteten Urkunde deren Wille seinen wahren und richtigen Ausdruck gefunden hat, und daß dann Vorlesen und Unterzeichnung derselben in seiner, des Notars, Gegenwart geschehe. —

Nur in solcher Art kann die Verwendung von Gehilfen geschehen, ohne daß gegen die Bestimmung des Art. 38, Abs. 2 gehandelt und ohne daß die Rechtsbeständigkeit der Akten gefährdet wird.

Auf den Amtsstuben von sehr vielseitig in Anspruch genommenen Notaren muß dieses natürlich täglich und stündlich in der

Art vorkommen, daß, während der Notar eben im Begriffe ist, mit einigen Vertragsbetheiligten einen Vertrag zum Abschlusse zu bringen, da und dort in derselben großen Amtsstube ein oder mehrere Gehilfen gleichzeitig beschäftigt sind, mit anderen Personen Urkunden zum Abschlusse vorzubereiten, oder daß, während der Notar selbst im Dorfe N. N. im Begriffe ist, ein Testament aufzunehmen — was beiläufig bemerkt der Notar immer und ohne Ausnahme selbst sowohl vorbereitend als abschließend besorgen soll Art. 60, Abs. 1 — sein in ein dreiviertel Stunden weiter gelegenes Dorf N. N. vorausgeschickter Gehilfe daselbst einstweilen mit den Betheiligten, welche den Notar zur Aufnahme eines Geschäftes bestellt hatten, dasselbe bespricht, und so weit als möglich vorbereitet, damit dann der nachkommende Notar selbst es vollende.

Es ist dieses Verfahren weder gegen das Gesetz, noch in irgend einer Art nachtheilig für die Betheiligten, wenn der Notar dabei nur immer die Seele des Geschäftes und in jedem einzelnen Falle das Organ bleibt, durch welches der schließliche entschiedene Wille der Betheiligten und nichts Anderes zur Beurkundung gelangt.

Das Ehrgefühl und das Interesse der Notare wird sie bestimmen, bei der Wahl und derartigen Verwendung ihrer Gehilfen mit der äußersten Vorsicht und Gewissenhaftigkeit zu Werke zu gehen, weil ein Gehilfe sonst in kurzer Zeit und mit wenig Arbeiten eine mit langjähriger Mühe und Gewissenhaftigkeit erworbene Praxis für lange Zeit gründlich zu verderben vermag.

Ebenso gebietet den Notaren ihr eigenes wohlverstandenes Interesse, daß sie so wenig als möglich von den Befugnissen Gebrauch machen, welche denselben für den Fall der Abwesenheit die Art. 40 und 41 einräumen, das heißt, sich so selten und so kurz als möglich von ihren Amtssitzen entfernen, wo eine solche Entfernung aber unumgänglich ist, die gesetzlich gebotenen Förmlichkeiten erfüllen — wohl bemessend, welche Verantwortlichkeit, Strafen und Nachtheile ihnen sonst drohen — Art. 120. 121 und 149, Abs. 3 des Gesetzes.

Im Art. 43 ist dem Notare untersagt, seine Dienste, wenn er darum ersucht wird, ohne genügenden Ablehnungsgrund zu verweigern.

Bei Beachtung dieses Verbotes muß er indeſſen anderſeits eben ſo vorſichtig beachten, daß er nicht ein Geſchäft vornimmt, einen Akt errichtet, wodurch er gegen Art. 10 des Geſetzes, bei=ſpielsweiſe gegen Abſatz 4 dieſes Artikels, durch Errichtung einer Urkunde über ein Geſchäft, bei welchem er betheiligt iſt, — oder gegen Art. 47, wenn auch nur mittelbar, verſtößt.

Im Zweifel wird er beſſer thun, ſich des Geſchäftes zu enthalten, als es vorzunehmen, oder wenigſtens bei dem Staats=anwalte unter Darlegung des Verhältniſſes anfragen, und zwar bei dieſem, weil die Entſcheidung, wenn es zur Beſchwerde käme, nach Art. 50 durch das Bezirksgericht zu geben iſt, deſſen Direktor alſo ſchicklicherweiſe nicht in der Sache um Rath ge=fragt werden kann.

Im Eingange dieſes kleinen Leitfadens unter den einleiten=den allgemeinen Bemerkungen iſt ſchon erwähnt, daß, wenn auch der Notar nach Art. 43 ohne Erſuchen oder richterlichen Auf=trag ſein Amt nicht ausüben darf, doch eine jedesmalige Beur=kundung über dieſes Erſuchen, abgeſehen von beſonderen Vor=ſchriften der Geſetze, worüber das weiter unten bei Art. 60 über die Teſtamente Geſagte verglichen werden mag, durchaus unnö=thig iſt. Es wird ihm auch, wenn eine von ihm errichtete Ur=kunde von den Betheiligten genehmigt und unterzeichnet iſt, die Vermuthung zur Seite ſtehen, daß diejenigen, welche die von ihm errichtete Urkunde gutgeheißen haben, ihn auch um deren Errichtung erſucht haben.

Natürlicherweiſe iſt es aber eine Hauptaufgabe des Notars, daß er ſich niemals in unzarter Weiſe zu Geſchäften dar= oder anbiete, oder gar vordränge und in dieſer Beziehung ſelbſt jeden Schein meide. Er würde ja ſonſt unter den niederſten Hand=werker herabſinken.

Bei Art. 9 wurde bereits auf den Art. 44 hingewieſen und auf die in dieſem enthaltene bedeutende Erweiterung der Zuſtändigkeit der Notare zum Vortheile der Gerichtsbaren, welche danach nicht einmal an die Notare des Bezirksgerichtsſprengels gebunden ſind, wo ſie ſelbſt wohnen oder wo der Gegenſtand liegt, über den ſie eine Urkunde errichten wollen, ſo daß der Bewohner von Amberg, wenn er ſein Vertrauen gerade zu einem Notar in Neunburg v.jW. oder Regensburg oder München hat, auch bei diesem seine letztwillige Verfügung errichten oder sein Haus verkaufen kann, wenn er und beziehungsweise sein Mit= contrahent mit ihm zu dem Notare in dessen Wohnort oder an einen Ort des Bezirksgerichtssprengels dieses Notars reisen will. Was nach Art. 45 als gegen die öffentliche Ordnung oder gegen die guten Sitten verstoßend, anzusehen sei, läßt sich nicht allgemein bestimmen, noch einzeln hier anführen: der Notar muß eben in jedem einzelnen Falle seine erworbenen Kenntnisse über das strafrechtlich, polizeilich oder sonst Verbotene, über das große Gebiet des Erlaubten und Unerlaubten, beispielsweise über mo= ralisch unmögliche Bedingungen, über unerlaubte Gesell= schaftsunternehmungen u. s. w. und, wo diese Kenntnisse nicht genügen, sein Ordnungs= und Sittlichkeitsgefühl zu Rathe ziehen, das den religiösen, sittlichen und zartfühlenden Menschen, den eidestreuen und uneigennützigen Beamten nicht irre leiten wird.

Das Gesetz hat durch den Absatz 2 des Art. 45 und durch die Bestimmung des Art. 49 einen weisen Mittelweg eingeschla= gen und die Notare von den Schwierigkeiten einer Wahl befreit, in die sie unter anderen Gesetzgebungen dadurch versetzt sind, daß dort zuweilen die Frage ungelöst geblieben ist, ob der No= tar verpflichtet sei, auch solche Geschäfte zu beurkunden, deren Ungiltigkeit nach Inhalt des Geschäftes oder Persönlichkeit der Betheiligten auf der Hand liegt oder mindestens zweifelhaft ist, oder ob er ein solches Geschäft ablehnen müsse oder dürfe.

Nach den angeführten Bestimmungen unsers Notariatsge= setzes ist dieses Bedenken beseitigt. Der Notar ist nicht berech= tigt, in einem Falle der Art seinen Dienst zu verweigern, weil ihm sonst ein über seine Amtsbefugnisse hinausgehendes Recht der Prüfung der Giltigkeit des Geschäftes zustehen würde, noch weniger also zu dieser Weigerung verpflichtet.

Er muß aber bei jedem Geschäfte darauf achten, daß das= selbe nicht im Widerspruche mit den Gesetzen stehe und die Be= theiligten, wenn sie ihm die Errichtung einer Urkunde zumuthen, welche er nach privatrechtlichen Bestimmungen für ungültig oder rechtsunwirksam hält, darüber belehren, und daß dieses geschehen sei, am Anfange oder am Ende der Urkunde im letzten Falle aber jedenfalls vor der Beurkundung darüber, daß die Urkunde vorge= lesen wurde und also auch vor den Unterschriften erwähnen.

Auch die Vorschrift des Art. 59, über welche dort ein paar Worte folgen werden, darf er bei keiner Urkunde vor der Errichtung aus dem Auge verlieren.

Das Verbot des Art. 47, wonach der Notar eine Verhandlung nicht aufnehmen darf, wenn er selbst oder seine Ehefrau oder eine mit ihm verwandte oder verschwägerte Person bis zu dem dort bestimmten Grade dabei betheiligt ist, betrifft nicht blos den Fall, wo die eine oder die andere Vertrags-Partei selbst mit dem Notare, oder dessen Ehefrau in dem bezeichneten Grade verwandt oder verschwägert ist, sondern muß wohl auch den Fall treffen, wo der Bevollmächtigte einer der Vertragsparteien, welcher bei der Urkundenerrichtung thätig sein soll, mit dem Notare in dem bezeichneten Grade verwandt oder verschwägert ist; denn wenngleich der Bevollmächtigte nicht für sich selbst stipulirt und nicht für sich selbst bei dem Vertrage thätig ist, so ist er doch, dem Notare gegenüber, vertragschließende Partei, welche mit dem Notare in eine unmittelbare Beziehung tritt, um deren willen der Notar in Versuchung gerathen könnte, von seinem Standpunkte als unpartheiischer Richter der freiwilligen Gerichtsbarkeit abzuweichen; möglicherweise wird das Vertrauen der anderen Vertragspartei zu der Unparteilichkeit des Notars oder wenigstens deren Unbefangenheit dem Notare gegenüber beeinträchtigt, was das Gesetz gerade vermeiden wollte.

Dagegen ist es dem Notare nicht untersagt, Geschäfte aufzunehmen, bei welchen einer seiner Gehilfen, Schreiber oder Dienstboten entweder in eigenem Namen oder als Bevollmächtigter eines Dritten Betheiligter ist. Aus dem im Art. 54 enthaltenen Verbote, diese Personen als Urkundszeugen zuzuziehen, kann das eben erwähnte Verbot nicht gefolgert werden. Der Grund jenes Verbotes, der bei Art. 54 angeführt werden wird, paßt hieher nicht.

Doch sollen es Gehilfen und Schreiber der Notare möglichst vermeiden, Vollmachten von Dritten für Geschäfte anzunehmen, welche ihr Prinzipal aufzunehmen haben wird, damit auch der entfernteste Anlaß vermieden werde, eine gewisse Befangenheit des Notars für eine der Vertragsparteien zu argwöhnen.

Die Verzeichnisse, welche nach Vorschrift des Art. 48 in

der Amtsstube des Notars offen liegen müssen, die Namen u. s. w. derjenigen Personen enthaltend, welche die Gütergemein= schaft ausgeschlossen haben oder solcher, welche als Verschwender erklärt sind, werden am besten auf eine mit Schreibpapier über= zogene und an zwei Wänden der Amtsstube, wie Landkarten aufgehängte Pappdeckeltafel alphabetisch gefertigt, jedes Ver= zeichniß etwa in der Größe von drei Schuh Breite und drei Schuh Länge, tabellarisch und zwar recht deutlich und übersicht= lich geschrieben, so daß die Namen, Eigenschaften u. s. w. leicht zu lesen sind, aber doch nicht zu groß und weitläufig, damit nach und nach recht viele auf die Tafel geschrieben werden können, und diese nicht zu oft erneuert werden muß, etwa in der auf der folgenden Seite dargestellten Weise

Das Verzeichniß derjenigen Personen, welche die Güterge= meinschaft öffentlicher Ausschreibung gemäß ausgeschlossen haben, wird in ähnlicher Art eingerichtet werden können.

Es muß natürlich neben den Rubriken für Namen, Wohn= orte u. s. w. eine solche enthalten für das Datum der öffentlichen Ausschreibung und eine weitere zur Bezeichnung des öffentlichen Blattes, in welchem die Ausschreibung enthalten ist.

Auf die Beachtung der Vorschrift des Art. 49 wurde bereits bei Art. 45 hingewiesen. — Sie ist von äußerster Wichtigkeit.

Wenn nämlich die Thätigkeit eines Notars von einer Per= son in Anspruch genommen wird, welche Anzeichen einer nicht ganz freien Willensbestimmung wahrnehmen läßt, so darf der Notar, wenn er selbst Bedenken hegt über die Fähigkeit dieser Person zur Vornahme von Rechtsgeschäften, die Beurkundung dennoch nicht verweigern, soferne nur diese Person überhaupt im Stande ist, eine zusammenhängende zur Beurkundung taugliche Willenserklärung zu geben; allein er muß seine Wahrnehmungen über die Anzeichen gestörter Willensbestimmung in der Urkunde selbst — am besten gleich im Eingange nieder= schreiben.

Hiebei ist natürlich die größte Vorsicht und Umsicht, insbe= sondere bei Aufnahme letzter Willensverfügungen anzuwenden.

Auf der einen Seite wäre das Vertrauen auf die Zulässig= keit eines Notars im höchsten Maße erschüttert, wenn es ihm

Verzeichniß

der im Umkreise des Bezirksgerichts Amberg als Verschwender oder wegen Geistes- oder Körperschwäche unter Curatel gestellten Personen.

Vor- und Zuname	Stand	Wohnort	Verschwender oder wegen Geistes- oder Körper- schwäche unter Curatel gestellt	Vor- und Zuname	Stand	Wohnort	Verschwender oder wegen Geistes- oder Körper- schwäche unter Curatel gestellt
Aleiter Friedrich	Schuster	Maigering	Verschwender				
Ansmann Herm.	Bauer	Sulzbach	Verschwender				
Berg Nikolaus	Bäcker	Almannshof	Blödsinnig	Maier Adam	Schneider	Röhring	Blödsinnig
Cunz Adam	Bauer	Keßlohe	Blödsinnig	Schmidt Anton	Schuster	Auerbach	Verschwender
Decker Friedrich	Weber	Rintach	Verschwender				

auch nur ein einziges Mal begegnen würde, daß er eine Urkunde über die Willenserklärung einer geistig unfreien Person errichten würde, ohne von dieser Unfähigkeit eine Wahrnehmung gemacht zu haben.

Auf der anderen Seite wäre es sehr übel, wenn der Notar allzurasch und oberflächlich in der Beurtheilung der geistigen Fähigkeit einer Person bloße äußerliche Unbeholfenheit, mangelhafte Ausbildung der Sprachorgane und dergleichen für Geistesbeschränktheit halten, und dann ohne genügenden Grund die Bedenken gegen den rechtlichen Bestand der von ihm errichteten Urkunde in diese niederlegen würde.

Der Notar wird in solchen Fällen gut thun, sich, wenn äußerst möglich, erst näher über diese Verhältnisse aus zuverlässiger Quelle, aber in der schonungsvollsten Weise und Form zu unterrichten, ehe er das ihm angesonnene Geschäft vornimmt.

Hat der Notar die Vornahme der Beurkundung verweigert, der ihn darum Ersuchende aber Beschwerde geführt, und das Bezirksgericht entschieden, daß die Weigerung nicht gerechtfertigt sei, — Art. 50 — so würde sich der Notar durch fernere Weigerung disciplinärer Einschreitung aussetzen. Art. 43, 115 des Gesetzes.

Bezüglich des Art. 51 ist auf das zu verweisen, was bei Art. 35 erwähnt ist.

Der Abs. 2 des Art. 51 verordnet, daß der Notar das Geschäft in dem Falle, wo es ihm durch das Gericht übertragen ist, ebenso zu behandeln hat, als wäre ursprünglich ein desfallsiges Ersuchen an ihn von den Betheiligten gestellt worden.

Es ist also nur die Zuständigkeitsertheilung, welche hier vom Gerichte ausgeht — im Uebrigen bleibt des Notars Gerichtsbarkeit eine freiwillige, und erfolgt die Beurkundung als der Ausfluß und Ausdruck der freien Willensbestimmung der Vertragsparteien. Wenn also zwar der Notar im Eingange der errichteten Urkunde, Verlassenschaftstheilung und dergleichen anzuführen hat, daß ihm die Vornahme des Geschäfts durch Beschluß des Stadt- oder des Stadt- und Landgerichtes oder des Landgerichtes N. N. vom . . . . . (Datum) übertragen ist, so sind und bleiben doch die Vertragsparteien die Requirenten der Urkunde, das heißt diejenigen, von welchen im Wesentlichen der

Anlaß zur notariellen Thätigkeit des amtirenden Notariatsbeamten ausgeht, dieselben werden daher auch als solche in der Urkunde angeführt und, so lange bis das Geschäft vollendet ist, in allen Beziehungen von dem Notar behandelt. Rücksichtlich des letzten Absatzes des Art. 51 hat der Notar die Vorschrift des Art. 13 zu beobachten — Vorlage der Urkunde an das Gericht in Urschrift.

Es findet sich im Anhange ein Formular für eine solche Urkunde.

Nach Art. 52 sind die Versteigerungen, welche bisher den Gerichten oblagen, künftig von den Gerichten einem im Sprengel des betreffenden Bezirksgerichts wohnhaften Notare zu übertragen.

In diesem Falle sowie in allen Fällen, wo die Wahl des Notars einem Gerichte zusteht, wird dieses bei seiner Auswahl möglichst berücksichtigen, welchem Notare die Betheiligten ihr Vertrauen schenken und diese erst darüber hören, welchen Notar sie in Vorschlag bringen; wenn sich diese nicht über einen Notar einigen können, werden die Gerichte, soferne keine besonderen Hindernisse, z. B. nach Art. 47 im Wege stehen, denjenigen Notar wählen, welcher die auf das vorzunehmende Geschäft — Versteigerungen oder dergleichen — bezüglichen Vorakten, Inventarien gefertigt und in Händen hat, oder, so ferne solche noch nicht vorhanden sind, denjenigen, welcher den Betheiligten am nächsten wohnt.

Natürlich werden die Gerichte bei ihrer Auswahl, unter ganz besonderen Umständen wie bei sehr schwierigen Geschäften, oder wo sie von dem umsichtigen und sorgfältigen Verfahren des Notars einen ganz besonders ersprießlichen Erfolg z. B. die zu Stande-Bringung eines Vergleiches hoffen, auch die besonderen Vorzüge eines oder des anderen Notars in Betracht ziehen. Im Allgemeinen aber mögen sich die Gerichte bei der durch sie geschehenden Uebertragung von Geschäften an Notare bemühen, mit der größten Unparteilichkeit zu Werke zu gehen, um nicht den einen Notar vor dem anderen zu begünstigen, wodurch sie in der That jenem auf die Länge nur schaden würden.

Es dürfte sich das Verfahren der Bezirksgerichte in der Pfalz empfehlen, welche in Fällen, wo die oben erwähnten Gesichtspunkte nicht zutreffen, bei der Wahl unter mehreren Notaren eines und desselben Ortes abwechseln, so bei der Uebertragung von Versteigerungen im Wege der Hilfsvollstreckung.

Daß sich der Art. 52 des Gesetzes auch auf Versteigerungen von Immobilien oder Gerechtigkeiten, welche diesen gleichgeachtet sind, in streitigen Sachen, und insbesondere auf die im Wege der Hilfsvollstreckung vorzunehmenden bezieht, dürfte zweifellos hervorgehen:

1) aus der ganz allgemeinen ausnahmslosen Fassung dieses Artikels,

2) aus den Motiven der k. Staatsregierung bei Einbringung des Gesetzes, welche bei diesem Artikel von diesen Versteigerungen sprechen, indem sie daran erinnern, daß der Notar in den Fällen dieses Artikels die Vorschriften des §. 87 der Prozeßnovelle vom 17. November 1837 zu beachten habe, dieser §. 87 aber gerade von dem Falle handelt, wo unbewegliches Vermögen Gegenstand der Hilfsvollstreckung ist; endlich

3) aus den Verhandlungen im Ausschusse, inhaltlich deren der Referent Dr. Paur zu diesem Artikel einen weiteren Absatz anzufügen begutachtet hatte, wonach die Werthserhebung ganz umgangen werden sollte, wenn die Versteigerungsobjekte von unbedeutendem Werthe wären, diesen Antrag aber zurückzog, nachdem sich aus der Besprechung ergeben hatte, daß eine solche Bestimmung mit den Vorschriften der Prozeßnovelle vom 17. November 1837 über die Execution der Immobilien nicht wohl vereinbar sei.

Daß freiwillige Mobiliarversteigerungen von den Betheiligten und von den Gerichten den Notaren übertragen werden können, folgt unzweifelhaft aus der Natur des Notariates und aus dem im Art. 11 des Gesetzes bestimmten Begriffe seiner Wirksamkeit.

In streitigen Sachen kann dieses sicher ebenso geschehen entweder von den Betheiligten selbst oder von den Gerichten mit Zustimmung der Betheiligten, nach Cap. XVIII. §. 7 Nro. 4 der Gerichtsordnung und §. 84 der Prozeßnovelle vom 17. November 1837, und es wird das Interesse der Betheiligten und der Gerichte dabei gefördert sein, wenn sie dieses Geschäft den Notaren übertragen, namentlich auch an Orten wo, noch die Einrichtung der sogenannten Auktionatoren oder Tändler bei Mobiliarversteigerungen besteht.

4

Es ist die Frage angeregt worden, ob die Notare befugt sein werden die Schätzungen in Hypothekensachen aufzunehmen? Das k. Staatsministerium der Justiz wird wohl Veranlassung nehmen, sich über diese Frage in der zu erlassenden Geschäftsordnung auszusprechen.

Der Art. 18 des Gerichtsverfassungs=Gesetzes weist das Hypothekenwesen der Zuständigkeit der Stadt= und Landgerichte zu, und der Art. 11 des Notariatsgesetzes schließt die im Art. 18 des Gerichtsverfassungsgesetzes den Gerichten vorbehaltenen Gegenstände von der Wirksamkeit der Notare aus, doch soll es in diesen den Gerichten vorbehaltenen Rechtsgeschäften den Betheiligten freistehen, ihre desfallsigen Erklärungen durch einen Notar aufnehmen zu lassen.

Sollten die Schätzmänner, die freilich streng genommen nicht unter den Begriff „Betheiligte" zu reihen sind, die aber doch nach Art. 20 der Instruktion für die Schätzmänner berechtigt sind, ihre Schätzung ebensowohl schriftlich einzubringen, als bei dem Hypothekenamte zu Protokoll zu geben, hievon ausgeschlossen und nicht befugt sein, ihre Schätzung bei einem Notar beurkunden zu lassen, wo sie an Gründlichkeit sicher mehr gewinnen und den Anforderungen der Instruktion im Art. 21 eher entsprechen wird, als wenn die Schätzmänner, sich selbst überlassen, ihre Erklärung schriftlich einbringen?

Eine Verpflichtung der Schätzmänner kann der Notar freilich nicht vornehmen, aber die bereits allgemein verpflichteten Schätzmänner an ihren Eid zu erinnern und auf den Inhalt der §§. 9 und 10 der Instruktion hinzuweisen, wird ihm wohl zustehen, und es wird also auch durch die Notare für die Aufrechthaltung dessen gesorgt werden können, was das k. Staatsministerium der Justiz in der höchsten Entschließung vom 24. August 1857 über die Schätzungen in Hypothekensachen angeordnet hat. Zeitschrift für Gesetzgeb. und Rechtspflege Band IV. S. 348. Nur wird der Antrag auf Schätzung an das Hypothekenamt zu richten sein.

Daß die Werthserhebung durch Schätzungen an sich, nicht als ein dem Wirkungskreise des Notariates fremdartiger Gegenstand vom Gesetzgeber angesehen wurde, geht aus der im Abs. 2 des Art. 52 ausgesprochenen Geschäftszutheilung hervor. —

Die Art. 53 und 54 des Gesetzes, welche von den zur Aufnahme der Urkunden zugezogenen Zeugen, so genannten Instruments- oder Urkunds-Zeugen handeln, — wohl zu unterscheiden von den so genannten Identitäts-Zeugen oder Auskunftspersonen, von welchen in den Artikeln 58, 59 und 62, Abs. 2 die Rede ist, müssen von den Notaren mit großer Vorsicht beobachtet werden.

Der Art. 53 hatte nach der Fassung, die ihm die Staatsregierung bei der Einbringung des Gesetzes gegeben hatte, die Voraussetzung enthalten, daß ü b e r a l l die Zuziehung von zwei Zeugen als ein gesetzliches Erforderniß zu Errichtung von Notariatsurkunden nothwendig sei.

Auf Antrag des Referenten des Ausschusses, dem Absatz 1 des Artikels die Fassung zu geben, wie er sie jetzt wirklich hat, wurde im Ausschusse die Frage eingehend behandelt ob in allen Fällen zur Errichtung von Notariatsurkunden die Zuziehung von zwei Zeugen nothwendig sei?

Der Ausschuß hielt in seiner Gesammtheit eine solche Zuziehung von zwei Zeugen im Allgemeinen nicht für nothwendig noch auch für zweckmäßig und sprach sich dafür aus, daß diese Nothwendigkeit nur in besonderen Fällen, die das Gesetz zu bestimmen habe, geboten erscheine, oder da, wo die Betheiligten es verlangen, oder auch nur einer der Vertragsbetheiligten es haben will.

D a h e r die wohl zu beachtende Fassung dieses ersten Absatzes des Art. 53.

Die Notare werden sorgsam sich zu versichern haben, ob ein oder der andere Mann, der als Zeuge zugezogen werden soll, wirklich bayerischer Staatsangehöriger sei, was leicht zweifelhaft sein kann, wenn beispielsweise bei einem vor vielen vielen Jahren aus dem ganz nahen Auslande als Handwerksbursche Eingewanderten nicht alle Bedingungen der Naturalisation erfüllt sein sollten, also das Indigenat nicht erlangt wurde. In einem Falle der Art wird besser ein Anderer zugezogen.

Wenn es im Art. 53 heißt, daß die zugezogenen Zeugen des Schreibens kundig sein müssen, so genügt es nicht, wenn ein Zeuge überhaupt schreiben gelernt hat, und zwar nicht etwa blos das Hinkritzeln eines Handzeichens, sondern der Zeuge muß auch im Augenblicke, wo die Urkunde errichtet wird, im Stande sein zu schreiben, weil er ja die Urkunde mit unterschreiben muß. Er darf also nicht durch irgend ein Hinderniß, etwa durch hohes Alter oder ein Uebel an der Hand, gehindert sein, seine Schreib=funde auch auszuüben, — er muß des Schreibens kundig und zu schreiben im Stande sein.

Daß auch taube oder blinde Personen, selbst wenn sie des Lesens beziehungsweise Schreibens kundig wären, nicht als Zeu=gen zugezogen werden können, versteht sich, obgleich es im Gesetze nicht besonders gesagt ist, wohl von selbst.

Der Taube könnte nicht das Vorlesen der Urkunde hören, der Blinde könnte nicht sehen und bewahrheiten, daß es die Vertragsparteien waren, welchen der Akt vorgelesen wurde, und doch sind dieses wesentliche Erfordernisse.

Daß die Zeugen im Testamente ganz genau, und wie sie bezeichnet werden müssen, daß das Testament auch von ihnen unterzeichnet werden muß, schreiben die Art. 63 und 67 genau vor, bei welcher noch einige Bemerkungen folgen werden.

Zu Art. 54 ist auf das zu verweisen, was im Eingange erwähnt wurde, daß die Schreiber des Notars nicht als Ur=fundszeugen bei seinen Akten zugezogen werden können.

Damit nicht später Bedenken gegen eine Urkunde erhoben werden können, ist es rathsam, daß der Notar vermeidet, einen Zeugen zuzuziehen, welcher zufällig gleichen Vor= und Zunamen mit einem seiner Gehilfen, Schreiber oder Dienstboten hat.

Es ist dem Notare sehr zu rathen, auch solche Personen als Zeugen nicht zuzuziehen, welche zwar gerade nicht seine Dienstboten oder auch nicht seine eigentlichen — bezahlten — Gehilfen sind, aber dennoch in einem gewissen Abhängigkeitsver=hältnisse zu dem amtirenden Notare stehen, wie beispielsweise seine Praktikanten. Der Grund des Gesetzes bleibt derselbe — es will Jeden von dieser Zeugschaft ausschließen, dessen Abhän=gigkeitsverhältniß die in seiner Zuziehung liegende Gewährschaft für die Wahrhaftigkeit des Aktes abschwächen würde.

Wenn der Art. 54, Abs. 2 verbietet, daß diejenigen als Urfundszeugen beigezogen werden dürfen, welche zu dem No=tare oder zu einem der Betheiligten in dem durch Art. 47 be=zeichneten Verwandtschafts= oder Schwägerschaftsverhältnisse stehen,

so findet dieses Verbot keine Ausdehnung auf die Zeugen u n t e r
f i ch, das heißt, es besteht kein Verbot, daß Zeugen zugezogen
werden, welche u n t e r f i ch in einem solchen Verwandtschafts=
oder Schwägerschaftsverhältnisse stehen, besteht auch kein Grund
für ein solches Verbot.

Die Zuziehung eines zweiten Notars statt der zwei Zeugen,
welche der Art. 55 gestattet, wird jeder Notar schon deshalb
möglichst vermeiden, weil dadurch das Geschäft bedeutend ver=
theuert wird, Art. 23 und 24 der Gebührenordnung, und wird
daher die Betheiligten, soferne sie die Zuziehung eines weiteren
Notars verlangen sollten, auf diesen Umstand aufmerksam machen,
ohne indessen eigensinnige Hartnäckigkeit gegen deren Verlangen
an den Tag zu legen, weil er sich sonst deren Mißtrauen zuzieht.

Die Bestimmung des Art. 56, daß die Zeugen oder der
zweite Notar auf ausdrückliches Verlangen der Parteien von der
Anwesenheit bei der Verlesung ausgeschlossen werden können,
mag zwar einem hie und da vorkommenden Wunsche der Be=
theiligten begegnen, welche es manchmal für wünschenswerth er=
achten mögen, daß der Inhalt der Urkunde den beigezogenen
zwei Zeugen oder dem zweiten Notare nicht bekannt werde, und
es mag dann dem Zwecke der Beiziehung von Zeugen oder eines
zweiten Notars genügt sein, wenn, wie es der Artikel für diesen
Fall vorschreibt, die Urkunde in Gegenwart der Zeugen oder des
zweiten Notars von den B e t h e i l i g t e n unterschrieben und die
Erklärung abgegeben wird, daß ihnen die Urkunde vorgelesen
oder von ihnen — das ist den Betheiligten — gelesen worden
sei. Es ließe sich indessen Manches gegen die Zweckmäßigkeit
dieser gesetzlichen Bestimmung, nach welcher sich unter der nun
schon lange dauernden Herrschaft der französischen und pfälzischen
Notariatsordnung niemals ein Bedürfniß geltend gemacht, erin=
nern, denn immerhin wird, wenn in der Zukunft die Rechtsbe=
ständigkeit eines solchen Aktes angefochten werden würde, diese
so zu sagen — von den Parteien beschlossene Ausschließung der
Oeffentlichkeit schon von vornherein ein zweideutiges Licht auf
denselben werfen, und es möchte deshalb den Notaren sehr zu
rathen sein, wenigstens von ihrer Seite niemals die Anregung
hiezu zu geben, noch jemals die Parteien hierauf aufmerksam zu
machen, damit es nicht einreiße und zum Gebrauche werde, bei=

spielsweise bei Schuldbekenntnissen, wo vielleicht hie und da ein Schuldner es wünschen möchte, und jedenfalls, wo es die Parteien thun wollen, davon abzurathen, dann aber, wenn sie darauf bestehen, mindestens dafür Sorge zu tragen, daß am Schlusse des Aktes, da wo beurkundet wird, daß die Betheiligten bei ihrer Unterschrift die Erklärung geben, daß die Urkunde ihnen vorgelesen oder von ihnen vorgelesen worden sei, diese Erklärung so gefaßt werde, daß darüber kein Bedenken entstehen könne, daß auch wirklich d i e Urkunde, die sie in Gegenwart der Zeugen oder des beigezogenen Notars unterzeichnen, und nicht eine andere — etwa unterschobene — vorgelesen oder von ihnen gelesen worden sei, denn eine solche Einwendung könnte von einer ränkesüchtigen Partei, welche in der Folge das Geschäft anzufechten Interesse hat, gegen eine solche Urkunde versucht werden

Nach der Verfügung des Art. 57 muß der Notar in dem Falle, wenn ein Blinder, Tauber, Stummer oder Taubstummer bei der Errichtung der Notariatsurkunde betheiligt ist, zwei Zeugen oder einen zweiten Notar a u c h d a n n zuziehen, wenn das Notariatsgesetz in anderen Fällen die Zuziehung von Zeugen oder eines zweiten Notars für das gleiche Notariatsgeschäft nicht gebietet, und auch die Betheiligten diese Zuziehung nicht verlangen würden.

Daß in diesem Falle den Zeugen oder dem Notare gegenüber von der Befugniß, welche der Art. 56 gewährt, nicht Gebrauch gemacht werden kann, unterliegt keinem Zweifel, nachdem der Art. 57 sagt, daß die Zeugen oder der zugezogene zweite Notar bei der g a n z e n Verhandlung gegenwärtig sein müssen.

Daß der Notar bei der Aufnahme letztwilliger Verfügungen mit der gewissenhaftesten Umsicht zu Werk zu gehen habe, liegt in der Natur der Sache.

Die Aufnahme dieser Verfügungen ist sein wichtigstes, man kann sagen, heiligstes Geschäft.

Ein Fehler, den er etwa dabei macht, läßt sich in der Folge nicht mehr verbessern, und die Umstoßung einer solchen Verfügung aus einem Grunde, welcher dem Notare zur Last fällt, schadet diesem in so weiten Kreisen und so nachhaltig, daß seine ganze Praxis dadurch gefährdet ist.

Der Notar hat sich daher mit einzelnen materiellen und

formellen Bestimmungen der Civilgesetzgebung, nach welcher das
Testament zu beurtheilen sein wird, auf das Genaueste vertraut
zu machen oder zu erhalten, und überdies die Bestimmungen
des Notariatsgesetzes auf das Gewissenhafteste im Auge zu
behalten.

So wird der Notar hier ausnahmsweise in den Fall kommen können, über das Ersuchen des Testators, sein Testament
an dem Orte aufzunehmen, wo der Testator sich aufhält, eine
Urkunde errichten zu müssen, z. B. wo preußisches Landrecht mit
der Bestimmung des §. 68, Thl. I. Tit. XII gilt.

Vor Allem muß er sich versichern, daß der, welcher seinen
letzten Willen erklärt, auch diejenige Person sei, für welche er
sich ausgibt, worüber bei Art. 62 die Rede sein wird, dann
kommt hier auch besonders in Betracht, was bei Art. 49 rücksichtlich seiner Beurtheilung und Beurkundung der Dispositions-
fähigkeit oder Unfähigkeit des Testators bemerkt wurde.

Nach Absatz 1 des Art. 60 muß der Disponent seinen
letzten Willen dem Notare „mündlich" erklären. Daraus geht
hervor, daß eine stumme Person, oder eine Person, welche durch
Krankheit oder auf sonstige Weise den Gebrauch der Sprache
verloren hat, ein solches Testament nicht errichten kann.

Daß der „Disponent seinen Willen dem Notar
mündlich erklärt hat," und wie sich von selbst versteht, daß
der letzte Wille nach dieser mündlichen Erklärung niedergeschrieben wurde, muß nach Absatz 4 des Art. 60 im Testamente ausdrücklich gesagt sein. Der Notar möge sich hüten, die Worte
des Gesetzes durch andere gleich bedeutende ersetzen zu wollen,
beispielsweise: „daß der Disponent dem Notare seinen Willen
deutlich zu Protokoll gegeben hat" — dies wäre höchst ge-
fährlich.

Es ist am geeignetsten den Testator redend einzuführen,
seine Verfügung in die erste Person zu kleiden. Die Abfassung in der dritten Person macht die Darstellung leicht undeutlich und ist unvereinbar mit den Ideen und dem Willen des
Gesetzes, daß die Verfügung so niedergeschrieben sei, wie sie der
Disponent mündlich erklärt hat.

Aus der Bestimmung des Abf. 2 des Art. 60 des Notariatsgesetzes, daß das ganze Geschäft in Gegenwart zweier

Zeugen oder eines zugezogenen zweiten Notars vorzunehmen ist, folgt, daß hier von dem Art. 56 kein Gebrauch gemacht werden darf.

Daß die Urkundszeugen nicht aus der Zahl derjenigen Personen genommen werden dürfen, zu deren Vortheil im Testamente unter irgend einem Titel eine Verfügung getroffen wird, noch aus der Zahl derer, welche mit einem der im Testamente Begünstigten im Grade des Art. 47 verwandt oder verschwägert sind, ergibt sich aus Art. 54, Abs. 1 und 2 im Zusammenhalte mit Art. 47, Abs. 2 — der Notar muß sich hierüber mit dem Testator, wenn er die Zeugen zuzieht, und vor Beginn des Aktes verständigen.

Rücksichtlich der Schreiber, Gehilfen, Dienstboten des Notars ist an das Verbot des Art. 54 zu erinnern.

Ebenso rücksichtlich der möglichst genauen Bezeichnung der Zeugen an das bei Art. 53 Gesagte.

Nach Absatz 3 soll der Notar die Urschrift der Verhandlung selbst vorlesen. Das Gesetz bestimmt nicht, wie dieses in anderen Gesetzgebungen — z. B. der französischen, Art. 972 der Fall ist, daß er sie auch selbst schreibe, und es ist wohl auch zweckmäßig, daß dieses nicht zur unumgänglichen Vorschrift gemacht wurde, weil durch diese Vorschrift die Gerichtsbaren in die Lage gebracht werden können, den Notar, dem sie ihr Vertrauen lange Jahre hindurch geschenkt haben, gerade zu dem Geschäfte nicht benützen zu können, wo sie sich seiner geistigen Thätigkeit vorzugsweise bedienen möchten, wenn dieser etwa durch irgend ein körperliches Uebel am Arme oder an der Hand vorübergehend am Schreiben gehindert ist.

Der Regel nach sollten sich's aber die Notare selbst zur Aufgabe machen, letztwillige Verfügungen selbst nach der mündlichen Erklärung des Testators niederzuschreiben.

Es wird dadurch die Zuziehung einer weiteren, dem Testator ganz fremden Person — des Gehilfen oder Schreibers, dessen Anwesenheit Jenem lästig sein kann, unnöthig gemacht, während als Zeugen doch in der Regel Nachbarn oder Bekannte des Testators beigezogen werden; außerdem sind die Gedanken des Notars, wenn er selbst die Urkunde schreibt, gesammelter.

Auch bezüglich der beiden in den Absätzen 2 und 3 des

Art. 60 enthaltenen Vorschriften und der Beurkundung im Testamente selbst und zwar darüber, daß diese Vorschriften beobachtet
wurden, mögen die Notare es vermeiden andere Worte an der
Stelle der im Gesetze enthaltenen

„daß das ganze Geschäft in Gegenwart der zwei
„Zeugen oder des zweiten Notars vorgenommen wurde,
„und die Urschrift dem Testator in der Zeugen Gegen-
„wart vom Notar selbst vorgelesen wurde." — (Art. 60
und Art. 66) —

zu gebrauchen.

Es würde zum Beispiele dem Willen des Gesetzes nicht
genügt sein, wenn die anscheinend gleich bedeutenden Worte gewählt würden: „worauf der Notar die Urschrift dem Testator
„und den Zeugen wörtlich vorgelesen hat" — weil damit nicht
ausgeschlossen wäre, daß er das Testament den Zeugen außer
Gegenwart des Testators und abgesondert, zuerst dem Einen,
dann dem Anderen vorgelesen habe — oder, wenn die Worte
gewählt würden:

„worauf das Testament sowohl dem Testator als den
„Zeugen vorgelesen wurde" — oder
„worauf das Testament in Gegenwart der Zeugen vorge-
„lesen wurde."

Wenn am Schlusse der letztwilligen Verfügung nach der
Beurkundung über Beobachtung der Vorschriften der Absätze 1
bis 3 des Art. 60 der Testator noch ein Legat vermachen wollte,
so müßten natürlich bezüglich dieser weiteren Verfügung die Vorschriften Absatz 1 bis 3 des Art. 60 wieder ebenso beobachtet
und müßte deren Beobachtung wieder ebenso nochmals beurkundet
werden.

Daß der Testator das Testament zu unterschreiben hat, oder
der Notar noch vor der Unterschrift der Zeugen beurkunden muß,
aus welchem Grunde der Testator nicht unterschrieben hat, ergibt
sich aus der Bestimmung des Art. 67, Absatz 2, und Art. 69,
und es genügt hier nicht, wenn sich der Notar darauf beschränkt
zu beurkunden —

„der Testator konnte nicht unterschreiben," es muß vielmehr beurkundet werden, welchen Grund der Testator über sein
Ablehnen der Unterschrift angegeben hat, ob er des Schreibens

überhaupt nicht kundig, oder ob er nur augenblicklich nicht im
Stande sei zu schreiben, etwa aus Schwäche und dergleichen.

Die Unterschrift des Testators ist bei Anfechtung letztwilli=
ger Verfügungen nicht selten schon von größter Bedeutung ge=
wesen, wenn etwa die Unterschrift einer Person unter einem Te=
stamente stand, welche nachweislich in ihrem Leben niemals schrei=
ben gelernt hat, oder die Unterschrift einer Person fehlte, weil
sie nicht schreiben „könne," während dieselbe nachweislich des
Schreibens kundig und kein Grund nachzuweisen war, warum
sie damals am Schreiben verhindert gewesen sei.

Im Anhange folgen einige Formulare für Testamente.

Zu Art. 61 wird auf dasjenige verwiesen, was bei Art. 22
über die Art der Feststellung der Identität einer bei dem Notar
hinterlegten Urkunde, und bei Art. 25 und 26 über die Anfer=
tigung einer dem Notar verschlossen übergebenen letztwilligen
Verfügung durch den Notar selbst gesagt ist.

Wenn der Notar eine letztwillige Verfügung, welche ihm
der Testator verschlossen übergeben will, nicht selbst als Rechts=
freund des Testators diesem gefertigt und mit ihm unter Ver=
schluß gebracht, also nicht die Gewißheit haben kann, ob der
Testator in dem verschlossen zu übergebenden Testamente alle,
die Giltigkeit des Testaments bedingenden Voraussetzungen beob=
achtet hat, so wird der Notar den Testator hierüber befragen,
ihn über die in dieser Beziehung zu beobachtenden Förmlichkeiten
belehren, insbesondere über die einschlägigen gesetzlichen Bestim=
mungen des geltenden Privatrechtes, und ihn auffordern, lieber
sein verschlossen zu übergebendes Testament nochmals unter Be=
obachtung der erforderlichen Förmlichkeiten anzufertigen und erst
dann verschlossen wieder zu bringen.

So werden beispielsweise, wo ein Testament nach preußi=
schem Rechte giltig sein soll, die Bestimmungen dieses Rechtes
im XII. Titel des I. Theiles §. 101 und folgende beachtet werden
müssen, wonach ein solches verschlossen übergebenes Testament
von dem Testator selbst eigenhändig geschrieben oder wenigstens
unterschrieben sein muß u. s. w., wenn es nach bayerischem Rechte
gelten soll, die Bestimmungen des Codex maximilianeus Theil
III. Cap. IV. §. 3 über die Testamente ad manus principis
in Verbindung mit Cap. III. §. 4 über die Solennitäten eines

geschriebenen Testamentes, wonach unter Anderem auch das verschlossen übergebene Testament von dem Testator schriftlich
verfaßt und von ihm eigenhändig gut geschrieben sein muß.

Die Beurkundung der Erklärung des Disponenten, daß
das in dem Verschlusse Enthaltene seine letztwillige Verfügung sei — ist übrigens nach allen geltenden
Privatrechten das Wesentlichste, was nicht übersehen werden darf
und auch nicht durch vermeintlich gleichbedeutende Worte ersetzt
werden möge. —

Im Absatz 2 des Art. 61 ist zwar nicht ausdrücklich vorgeschrieben, daß die dort erwähnte Bestätigung auch von dem
Disponenten unterschrieben werden müsse. Es folgt dieses aber
aus der allgemeinen Bestimmung der Art. 67 und 69, wonach
jede Notariatsurkunde von dem Betheiligten unterzeichnet oder
in der Urkunde ausdrücklich erwähnt sein muß, daß und warum
der Betheiligte sich nicht unterschreiben zu können erklärt hat,
und eine Notariatsurkunde ist diese auf den Verschluß des Testamentes gesetzte Bestätigung ja ohne Zweifel.

Ueber dieses ist ja gerade der übergebende Disponent für
die Bestätigung des Umstandes, daß das in dem übergebenen
Verschlusse Enthaltene seine letztwillige Verfügung sei, also zur
Beurkundung der Identität dieser Verfügung die Hauptperson
und liegt es daher in der Natur der Sache, daß das Gesetz gewiß dessen Unterschrift oder die Erwähnung davon nicht weg-
lassen wollte und daß auch der Notar in seinem eigenen Interesse
die Unterschrift des übergebenden Disponenten oder dessen Erklärung beifügen lassen wird, warum er diese Erklärung nicht
unterzeichnen könne,

Sollte der sein Testament übergebende Disponent ein Stummer oder Taubstummer sein und also die Erklärung, daß das
in dem Verschlusse Enthaltene sein letzter Wille sei, nicht mündlich abgeben können, so müßten die Vorschriften des Art. 59
rücksichtlich der im Art. 61, Abs. 2 vom Gesetze verlangten Beurkundung beobachtet werden.

Im Absatz 5 des Art. 61 ist zwar nicht gesagt, daß in
der über die ganze Verhandlung — nach Absatz 4 — aufzu-
nehmenden Urkunde auch der Absatz 3 des Art. 60 zu beobachten sei, Vorlesung der Urschrift der Verhandlung durch den

Notar selbst, und es möchte daher genügend erscheinen, wenn der Artikel 66 beobachtet und, daß dieses geschehen, in der Urkunde erwähnt wird .

Allein, da es sich um die Giltigkeit einer über eine letztwillige Verfügung errichteten Urkunde handelt, so dürfte die Vorsicht gebieten, daß der Notar selbst die über die ganze Verhandlung aufgenommene Urkunde vorlese und, daß dieses geschehen sei, am Schluße derselben beurkunde.

Ein Formular für den Art. 61 findet sich im Anhange.

Der Art. 62 enthält die von dem Notar dann zu beobachtenden Vorsichtsmaßregeln, wenn ihm Einer der Betheiligten, welche seine amtliche Thätigkeit in Anspruch nehmen, oder diese sämmtlich unbekannt sind.

Daß diese Vorsichtsmaßregeln bei jeder von ihm zu errichtenden Urkunde, wenn er sich in dem Falle dieses Artikels befindet, beobachtet werden müssen, ist klar. Besonders unumgänglich sind sie aber, wenn ihm derjenige unbekannt sein sollte, der durch den Notar seine letztwillige Verfügung aufnehmen lassen oder sie ihm verschlossen übergeben will.

Es ist in einem solchen Falle vor fünf und zwanzig Jahren ein Notar auf betrügliche Weise durch ein intellektuelles Falsum zur Aufnahme eines Testamentes gebracht worden, welches eine Person dem Notar diktirte, die nicht diejenige war, für welche sie sich bei der Testaments-Errichtung ausgab, wodurch nach Jahren ein schwerer Strafprozeß und ein lange dauernder Civilprozeß entstand, durch den es den Intestaterben nach großen Schwierigkeiten gelang, das Testament gegen den eingesetzten Erben umzustoßen.

Daß der Name und die Praxis des betreffenden Notars dabei nicht gewonnen haben, begreift sich leicht.

Daß die im Art. 62 genannten Identitäts-Zeugen oder Auskunftspersonen ebensowohl als die in den Art. 58 und 59 genannten Vertrauenspersonen die allgemeinen Eigenschaften haben müssen, welche der Art. 53 von den Urkundszeugen verlangt, muß wohl angenommen werden, weil dieses allgemeine Voraussetzungen der Gewährschaft sind, um derenwillen ihre Zuziehung überhaupt erfolgt.

Allein es könnte, da sich das Gesetz im Art. 62 nicht

darüber ausspricht, die Frage entstehen, — ob bezüglich der darin bezeichneten Identitäts-Zeugen oder Auskunfts-Personen die Vorschriften, beziehungsweise Verbote gelten, welche der Art. 54 bezüglich „der Urkundszeugen" enthält.

Daß der Notar als Identitätszeugen und Auskunftspersonen die im Art. 54, Abs. 3 bezeichneten Personen nehme, verbietet sich von selbst, weil man ihrem Zeugnisse überhaupt keinen großen Glauben zu schenken pflegt, diese Personen also in keiner Hinsicht zur Darbietung irgend einer Gewährschaft benützen kann. Dagegen wird das Verbot des Abs. 1 und 2 des Art. 54 bei diesen Identitätszeugen nicht beobachtet werden müssen.

Es ist zwar im Art. 58, Abs. 3 bezüglich derjenigen Vertrauenspersonen, welche zugezogen werden, wenn ein Tauber bei Errichtung einer Urkunde betheiligt ist, ausdrücklich gestattet, daß diese Vertrauenspersonen Verwandte oder Verschwägerte der Betheiligten oder Bedienstete derselben sein dürfen, und ist dasselbe auch im Art. 59, Abs. 4 rücksichtlich des Falles bestimmt, wenn ein Stummer oder Taubstummer bei Errichtung der Urkunde betheiligt ist, während der Art. 62 etwas der Art rücksichtlich der in demselben bezeichneten Identitätszeugen oder Auskunftspersonen nicht vorsieht, — und man könnte hieraus schließen wollen, daß es rücksichtlich dieser Identitätszeugen oder Auskunftspersonen bei der Regel des Art. 54, Abs. 1 und 2 bleiben soll.

Allein es sprechen gewichtige Gründe für das Gegentheil.

Die Urkundszeugen, wo solche nach dem Gesetze oder auf das Verlangen der Betheiligten beigezogen werden, wirken gewissermaßen bis zu einem gewissen Grade bei der Errichtung des Aktes selbstthätig mit, üben hiebei, so zu sagen, eine öffentliche Verrichtung aus.

Die Identitäts- oder Individualitätszeugen oder Auskunftspersonen nach Art. 62 dagegen wirken nicht in solcher Weise bei und zu Errichtung des Aktes selbst mit, ihre Zuziehung geschieht, so zu sagen, mehr im Interesse des Notars selbst, um ihn in den Stand zu setzen auf sie die Verantwortlichkeit fallen zu lassen, welche ihn sonst treffen würde, wenn die Betheiligten nicht den Namen, Stand und Wohnort hätten, welchen sie angeben.

Diese Identitätszeugen oder Auskunftspersonen brauchen auch, so darf man wohl annehmen, nach der Natur der Sache und dem Ausdruck des Gesetzes: „oder Namen, Stand und Wohnort der Betheiligten zu dem Notariatsakte zu be= scheinigen" — nicht der ganzen Verhandlung beizuwohnen, son= dern der Notar kann im Eingange der Urkunde die Erklärung der natürlich genau nach Art. 63 zu bezeichnenden Identitäts= zeugen oder Auskunftspersonen über Namen, Stand und Wohn= ort der Betheiligten anführen, dann diese Erklärung den Iden= titätszeugen und den Betheiligten in Gemäßheit des Art. 66 vorlesen, und daß dieses geschehen, sowie die Erklärung selbst, nach Vorschrift des Art. 67 unterzeichnen lassen und selbst un= terzeichnen, und dann die Identitätszeugen sich wieder entfernen lassen, um sodann mit den Betheiligten unter Zuziehung der Urkundszeugen zur eigentlichen Verhandlung und Urkunden=Er= richtung zu schreiten.

Der Art. 63 enthält die Vorschriften darüber, wie die bei der Urkunde Betheiligten und die sonstigen Mitwirkenden bezeichnet werden müssen.

Diese Vorschriften werden sehr heilsam wirken, bisherige wahre Mißbräuche zu beseitigen und es kann den Notaren nicht genug empfohlen werden, durch die genaueste und gewissenhafteste Befolgung dieser Vorschriften zur Erreichung der Zwecke des Gesetzes mitzuwirken.

Durch die Notariatsurkunden sollen die Rechtsverhältnisse für immer durchaus und nach allen Beziehungen sicher gestellt sein und bleiben, und wo dieses von den Notaren als eine wohl= thätige Folge des Bestehens des Notariatswesens nicht blos im einzelnen Falle ihrer Thätigkeit sondern als ein höherer Stand= punkt festgehalten wird, da wirkt das Notariat zur Rechtssicher= heit im Allgemeinen, zur Aufklärung des Volkes über die Er= haltung seiner Privatrechte, zur Abschneidung von Rechtsstreiten mit. Wir werden sofort sehen, wie der Notar hiezu Gelegen= heit hat durch gewissenhafte Beobachtung des Art. 63.-

Zur Sicherstellung des Rechtsverhältnisses gehört vor Allem, daß die Identität der Personen, zwischen welchen und in deren Gegenwart die Beurkundung geschah, für immer außer Zweifel gestellt werde.

Es darf also nicht sein, daß der Name einer Person, der sich auf verschiedene Weise schreiben läßt, in der Urkunde einmal fo, ein paar Zeilen weiter unten wieder anders geschrieben wird, und daß dann eine Unterschrift folgt, die wieder eine andere Schreibart enthält.

Dies kommt bei keinem Notare in der Pfalz vor, weil er, wenn ihm eine Person bei seinen Geschäften vorkömmt, deren Name ihm nicht bekannt ist, die Vorsicht gebraucht, sich durch diese Person, ehe er den Namen in die Urkunde schreiben läßt, ihren Namen auf ein besonderes Blatt niederschreiben zu lassen, und dann darüber wacht, daß der Name immer gleichmäßig so geschrieben werde.

Die Notare können und sollen bei solchen Gelegenheiten dazu beitragen, daß die Gerichtsbaren selbst die richtigen An- schauungen über Sicherstellung und Erhaltung ihres Namens und der sich daran knüpfenden Rechte beständig beobachten, wenn sie diese bei solchen Gelegenheiten belehren, wie sehr sie durch Leicht- sinn und Gleichgiltigkeit in der Benützung ihres Namens, durch Wechsel in der Schreibart die Identität ihrer Personen, also ihre Familien- Erb- und sonstigen Rechte gefährden, wie schwer schon nach Verlauf von zehn Jahren Rechte nachzuweisen sind, wenn durch Verschiedenheit der Namen auch nur in zwei ver- schiedenen Urkunden Bedenken über die Identität der Rechtssub- jekte entstehen.

Institute der Art wie das Notariat sind auf solche Weise wahre Erziehungs-Institute für das Volk, und aus diesem Gesichtspunkte soll der Notar seinen Beruf auffassen, damit er ihm nicht blos die melkende Kuh sei, sondern das Pfund, das ihm die Vorsehung anvertraut hat, mit dem er sich einen höheren Beruf im Jenseits erringe.

Rücksichtlich der Vornahmen, welche leider häufig den Kin- dern in so großer Zahl beigelegt werden, daß sie dieselben als ältere Personen im gewöhnlichen Leben nicht mehr wissen, nie- mals alle nennen, sondern beliebig einmal den, ein andermal jenen führen, ohne zu ahnen, wie sehr sie dadurch ihren Kindern und Kindeskindern oder sonstigen Verwandten bei späteren Erb- schaftsstreitigkeiten den Nachweis der Identität erschweren, ist darüber zu wachen, daß die Betheiligten und Zeugen vor Auf- nahme des Aktes, wenn nöthig unter Belehrung über die Folgen von Gleichgiltigkeit und Leichtsinn in dieser Beziehung, zur ge-

nauen Angabe ihrer Vornahmen veranlaßt, und daß diese dann
gewissenhaft, aber nicht blos da, wo die Person zum erstenmale
in der Urkunde genannt wird, sondern jedesmal dem Zunamen
der Person beigesetzt werden.

Führt eine Person, wie dieses so häufig bei den Landleuten
der Fall ist, einen Beinamen, Haus- oder Hof-Namen, so kann
dieses, wenn diese Gesichtspunkte beobachtet werden, sehr zur
näheren Bezeichnung und sicheren Feststellung der Identität dienen;
wenn aber bei der sonstigen Bezeichnung der Person durch mangelhafte oder verkürzende Angabe der Namen nicht die gehörige
Sorgfalt obwaltet, so wird dann die Identität durch solche Beinamen nur noch mehr gefährdet, weil sie sich gar oft wieder-
holen. Wo also ein solcher Beiname besteht, unter welchem die
Landleute die treffende Person oft besser kennen als unter ihrem
wirklichen, so werde er in der Urkunde mitgenannt, aber dann
auch jedesmal und nicht allein, sondern neben den übrigen
genau zu bezeichnenden Vor- und Zunamen.

Was die Namen der Ehefrauen betrifft, so sollen dieselben
niemals mit den Namen ihrer Ehemänner allein bezeichnet
werden, wodurch oft die größte Unklarheit in den Akten der
freiwilligen Gerichtsbarkeit und eine heillose Verwirrung der Rechte
entsteht. Man denke nur an den Fall, daß von den Ehefrauen von vier Brüdern zufällig drei gleiche Vornamen haben.

Es kam dem Verfasser ein Akt der freiwilligen Rechtspflege zu Gesicht, wo mehrere Brüder mit dem Familiennamen
Schneider Frauen hatten, deren zwei den in der treffenden Ge-
gend sehr gebräuchlichen Namen Nanny, das ist Anna hatten,
und Beide nicht anders bezeichnet waren als „Nanny Schneider.“

Zu welchen Rechtsverwirrungen kann und muß beinahe unvermeidlich eine so oberflächliche Bezeichnung führen?

Niemals soll in einer Notariatsurkunde eine Ehefrau genannt
sein, ohne daß ihr eigener früherer Familien-Name außer dem
ihres Ehemannes mit genannt ist, entweder, wie es in der Pfalz
üblich ist, in der Art: „Elisabetha Schneider, Ehefrau des
„Friedrich Kurz, Webers in N. N.“, oder „Elisabetha Kurz,
„geborene Schneider, Ehefrau des Friedrich Kurz.“

Ist eine bei der Errichtung einer Urkunde betheiligte Frauens-
person Wittwe, so muß sie gleichfalls genau mit Angabe ihres

väterlichen Namens nebst dem ihres verstorbenen Ehemannes bezeichnet werden, wenn sie mehrmals verheirathet war, mit Benennung der mehreren Männer, beispielsweise: „Katharina
„Römer, Wittwe. erster Ehe von Karl Reinhard, Schlosser in
„N. N. und zweiter Ehe von Wilhelm Berg, Weber in N. N.,
„jetzige Ehefrau von Ernst Rau, Glaser in N. N.

Wenn es den Notaren anfangs Schwierigkeiten machen
wird, aus den Vertragsparteien und Zeugen alle die Angaben
für diese Beurkundungen herauszubringen, und die Gerichtsbaren
zum Verständnisse der Gründe dieses Verfahrens zu bringen, so
mögen sie sich die Mühe nicht verdrießen lassen, sie tragen dadurch einzelne Bausteine zur geistigen Bildung des Volkes bei
und werden sicher die Früchte über kurz oder lang in gesteiger-
ter Klärung der Rechtsbegriffe, sodann in wachsender Erkenntniß der Vorzüge des Notariates finden.

In der Pfalz, wo neben dem Notariate die strenge Gesetzgebung über die bis in die kleinste Einzelnheit gehende pünkt-
lichste und sorgfältigste Führung der Geburts-, Heiraths- und
Sterb-Akten, für Herstellung der möglichsten Rechtssicherheit
sorgt, ist das Bewußtsein von der Nothwendigkeit und Heilsam-
keit dieser Normen schon so in das Volk gedrungen, daß der
Notar eine Versäumniß kaum mehr begehen könnte, ohne durch
die Betheiligten selbst aufmerksam gemacht zu werden.

Bei Bezeichnung des Standes müssen Gewerbe und dergleichen genau angegeben werden, Titel der Wirklichkeit entsprechend.

Man findet nicht selten, daß Beamte der freiwilligen Gerichtsbarkeit, wenn sie eine Urkunde für Jemanden errichten, der
keinen besonderen Titel, Stand, Rang oder Gewerbe hat, es
nicht über sich gewinnen können, ihn so zu bezeichnen, es muß
irgend ein Titel gefunden werden. Dies mögen die Notare doch
ja vermeiden. Wo kein Gewerbe geübt wird, kein Amt bekleidet
wird und so weiter, wird dieses eben verneinend angeführt, —
„ohne besonderes Gewerbe" — „ohne besonderen Stand," —
oder „von seinen Einkünften lebend" — u. s. w.

So mögen sich die Notare doch ja hüten, Titel höheren
Grades, als sie wirklich zustehen, Adelsvorrechte überhaupt oder
in höherem Grade denen beizulegen, denen sie nicht gebühren,

5

wie es im gemeinen Leben heutigen Tages so mißbräuchlich geschieht.

Wenn sie aber gebühren, dem müssen sie auch zur genauen
Bezeichnung in den Urkunden beigelegt werden.

Bei Bezeichnung des Wohnortes können sich leicht Schwierigkeiten ergeben, in so fern häufig nicht sogleich festzustellen ist,
was eigentlicher Wohnort oder nur Aufenthaltsort ist, eigentliches
rechtliches Domizil oder nur faktisches. — In solchen Fällen
wird der Notar gut thun, wenn er, ohne sich selbst ein entscheidendes Urtheil beizumessen, die mehreren Orte anführt mit möglichst genauer Angabe des thatsächlichen Verhältnisses, so beispielsweise: „erscheint Carl von Berg, begütert zu Mintraching,
wohnhaft zu Donaustauf, sich gewöhnlich in Regensburg aufhaltend."

Die genaue Bezeichnung des Ortes, wo die Urkunde errichtet wird, ist schon deshalb in jedem Falle von Erheblich-
keit, weil danach sofort zu erkennen ist, daß der Notar innerhalb
der ihm zugewiesenen Zuständigkeitsgrenze amtirt hat.

Ob außer dem Namen der Stadt oder Gemeinde auch noch
eine nähere Bezeichnung des politischen, gerichtlichen oder Ver-
waltungs-Bezirks, zu welcher jene gehört, oder das Haus, in
welchem die Urkunde aufgenommen wird, in dieser anzuführen
sei, muß den Umständen und der Würdigung derselben durch
den einsichtsvollen und umsichtigen Notar überlassen werden.

So kann es bei Testamenten sehr erheblich werden, daß das
Haus genau bezeichnet werde mit Nennung des Namens der
Straße und der Hausnummer, in welchem der Notar den Testator gefunden und dessen letzten Willen aufgenommen hat,
wenn es beispielsweise in einer Stadt oder Gemeinde zufällig
ein Paar Bewohner von ganz gleichem Namen und Stande gibt,
was ja nicht selten vorkömmt. Da dem Notar dieser Umstand
möglicherweise unbekannt sein kann, so wird er immerhin gut
thun, das Haus zu bezeichnen, in welchem er eine Urkunde aufnimmt, so oft dieses nicht in seiner eigenen „Amtsstube" geschieht.

Was die Zeit der Errichtung einer Urkunde betrifft, so
gibt der Artikel im Absatze 4 genau an, was in dieser Beziehung in der Urkunde gesagt sein muß.

Bei länger dauernden Geschäften, Inventarien, großen

Gutsübergaben, Pachtverträgen, Versteigerungen, bei welchen Unter-
terbrechungen zwischen der Aufnahme der Urkunde eintreten müssen,
entweder an einem und demselben Tage, oder Verschiebungen
auf einen anderen Tag, muß dieses in der Urkunde erwähnt sein,
mit dem übrigen Theile der Urkunde vorgelesen und von Betheiligten und Zeugen unterschrieben werden.

Dieß ist theils wegen der innern Zwecke der Urkunde nothwendig, theils zur Controle und Rechtfertigung des Notars rücksichtlich der von ihm zur Urkunde vorgemerkten Zeitverwendung
und des berechneten Zeithonorars — Art. 17 der Gebührenordnung.

Die S t u n d e der Errichtung der Urkunden ist in der Regel
gleichgiltig; aber sie ist nichts weniger als unerheblich bei einem
Testamente. •

Es kommt nicht selten vor, daß dieselbe Person, welche des
Morgens ein Testament gemacht hat, im Laufe des Tages ihren
Willen ändert, und nun an demselben Tage bei einem anderen
Beamten der freiwilligen Gerichtsbarkeit ein neues Testament
mit ganz anderen Bestimmungen errichtet, ohne jenes ersten Te-
stamentes mit einer Silbe zu erwähnen.

Wie soll der Richter entscheiden, welches dieser beiden Testamente das spätere und also giltige ist, wenn die Stunde in
den beiden Testamenten nicht genannt wird?!

Die S t u n d e der Errichtung muß daher bei Testamenten nothwendigerweise angegeben werden.

Nach Art. 64 dürfen die Urkunden nicht halbbrüchig, wie
bisher die Briefsprotokolle, geschrieben werden, sie müssen vielmehr so geschrieben werden, daß nur der dritte Theil zur linken
Seite der Urkunde frei bleibt.

Auf diesen freibleibenden Theil der Seite darf eine weitere
Urkunde nicht gesetzt, mithin auch kein Theil der Urkunde, der
mit dem Inhalte der Urkunde ein untrennbares Ganzes bildet,
den Fall• des Art. 71 ausgenommen, wo dann aber die dort vor-
geschriebenen Förmlichkeiten bei Strafe der Nichtigkeit des gemachten Zusatzes beobachtet werden müssen.

Durch das Verbot des Art. 64 ist indessen nicht ausgeschlossen, daß die Nummern, welche auf die Urkunde gesetzt wer-

den müssen, sowie die Kostenvormerkungen, auf den freigebliebenen Rand an geeigneter Stelle gesetzt werden. Art. 77 und 108. Die Bestimmungen des Art. 65 sind für sich deutlich. Nur verdient bemerkt zu werden, daß die Notare sich bemühen werden, nicht zu viele „Lücken" in den Urkunden zu lassen, damit sie nicht zu oft in den Fall kommen, solche durch Striche ausfüllen zu müssen, welche, wenn sie zu häufig vorkommen, den Urschriften und Ausfertigungen ein übles Aussehen gewähren. Doch soll ihre Anwendung nicht auf Kosten der Klarheit und Ueber= sichtlichkeit des Aktes vermieden werden, damit nicht der äußeren Form mehr Rechnung getragen werde, als dem inneren Werthe.

Diese Striche, welche begreiflicherweise den Zweck haben, nachträgliche Zusätze und Fälschungen der Urkunden zu verhin= dern, werden in den nachstehenden, einen Theil einer Urkunde enthaltenden Sätzen dargestellt:

„Zur Sicherheit dieses Darlehens sammt Zugehörungen „verpfändet der Schuldner folgende ihm zu eigen gehörige „Liegenschaften, Obenbacher Bannes nemlich _____

„1) Pl.=Nro. 4460 acht und dreißig Dezimalen Acker an „der Friedheimer Straße, Steuerdistrikt Ottersheim, Folie „eins des Katasters neben Friedrich Lind und Franz „Fath _____

„2) Pl.=Nro. 3752 sechs und dreißig Dezimalen Acker „am Böhlweg, Steuerdistrikt Ottersheim, Folie zwei des „Katasters neben Ferdinand Eichhorn und Nikolaus „Braun." _____

Daraus, daß nach Art. 65 die Urkunden „geschrieben" werden müssen, folgt nicht, daß der Notar für gewisse oft wie= derkehrende Urkunden, wie Vollmachten und dergleichen, Formu= lare drucken lassen dürfe, die er dann nur auszufüllen braucht.

Ebenso steht die Vorschrift des Gesetzes, daß Abkürzun= gen nicht vorkommen sollen, nicht entgegen, daß Worte; welche für den Inhalt des Aktes an sich gleichgiltig sind, wie Herr, Frau, Fräulein u. s. w. wenn sie öfter vorkommen, mit Abkür= zung geschrieben werden.

Ebenso kann auch ein Fall vorkommen, wo eine Lücke ohne Uebertretung des Gesetzes gelassen werden kann und muß.

Man will beispielsweise einem Freunde in Amerika zu Be=
sorgung eines Geschäftes eine Notariatsvollmacht senden, weiß
aber nicht, ob er selbst im Stande sein wird, das Geschäft zu
besorgen und will ihn deshalb in Stand setzen, statt seines ei=
genen Namens den eines anderen Freundes oder Bekannten nach
seiner Wahl einzusetzen, weil mit einer Substitutions=Vollmacht
am Orte der Benützung nicht gedient wäre. — Nichts wird im
Wege stehen, sich für einen solchen Fall eine ausgefertigte Voll=
macht durch einen Notar geben zu lassen, die in Urschrift und
Ausfertigung eine Lücke für den Namen des Mandatars ent=
hält. — Dieß geschieht in Frankreich und der Pfalz täglich,
obgleich auch dort die gesetzliche Vorschrift besteht, in den Akten
keine Lücken zu lassen.

Die Vorschrift des Art. 66: am Schlusse der Urkunde zu
bemerken, „daß diese den Betheiligten in ihrer Gegenwart vorge=
lesen wurde," würde nicht erfüllt sein, wenn es bloß wie in den
bisherigen Briefprotokollen hieße: „Vorgelesen, genehmigt und
unterschrieben", es muß ausdrücklich gesagt sein:

„in Gegenwart von N. N. Ackersmann in N. und von
„N. N. Taglöhner in N., welche sich als Zeugen mit den
„Betheiligten und dem Notare, nachdem die Urkunde den
„Betheiligten in Gegenwart der Zeugen vorgelesen worden
„war, unterschrieben haben.

Der Ausdruck des Gesetzes, „den Betheiligten in ihrer Ge=
genwart" ist etwas unklar und soll heißen: „Den Betheiligten
in der Zeugen Gegenwart."

Der Art. 67 verlangt, daß die Notariatsurkunden mit Sei=
tenzahlen und auf jedem Blatte mit dem Namenszuge des No=
tars versehen werden.

Aus dem nahen Zusammenhange, in welchen hier der Na=
menszug des Notars mit der Seitenzahl gebracht ist, mag ent=
nommen werden, daß der Namenszug oben im rechten Ecke, un=
mittelbar und dicht unter die Seitenzahl gesetzt werde, — wie
es in dem bei Art. 77 zu besprechenden Register durch den Be=
zirksgerichts=Director geschehen muß — und dort näher erklärt
werden wird.

An dieser Stelle hat indessen die Beisetzung des Namens=
zugs des Notars nur dann Bedeutung, wenn die Urkunde aus

mehr als einem Bogen besteht, wo das rechtswidrige Herausnehmen und das Einschieben gefälschter Blätter denkbar und also
zu verhindern wäre. Diesem rechtswidrigen Eingriffe ist aber
schon durch das nach Art. 68 nothwendige Heften und Siegeln
begegnet.

Dagegen möchte die im Art. 67 enthaltene Vorschrift der
Beisetzung des Namenszuges auf eine andere Förmlichkeit hin=
weisen, nemlich auf die Beisetzung des Namenszuges unten, unter
der letzten Zeile einer jeden Seite, sobald nicht schon die erste
Seite den Schluß der Urkunde mit den Unterschriften enthält,
ganz so, wie dieses den Untersuchungsrichtern bezüglich der Un=
tersuchungsprotokolle zur Pflicht gemacht ist, damit nicht gefälschte
Zusätze auf den unteren frei bleibenden Raum der Urkunden ge=
setzt werden können.

Die Notare werden jedenfalls sicher gehen, ihren Namens=
zug nach diesen beiden möglichen Auslegungen des Gesetzes bei=
zufügen.

Was die Unterschriften der Betheiligten und Zeugen be=
trifft, so schreibt das Gesetz nicht vor, daß Betheiligte und Zeugen
außer ihrem Familien=Namen auch ihre Vornamen unterschreiben.
Sehr zweckmäßig ist es, wenn die Notare sich bemühen die Ge=
richtsbaren daran zu gewöhnen, daß sie in allen Fällen außer
dem Zunamen auch den Vornamen unterschreiben. — Noth=
wendig aber ist, daß dieses geschehe dann, wenn mehrere Per=
sonen von gleichem Zunamen in derselben Urkunde als Be=
theiligte oder Zeugen vorkommen.

Rücksichtlich der Vollmachten und deren Verbindung mit
den Urkunden, von deren äußeren Behandlung der Art. 68 in
selbstverständlicher Weise spricht, wird auf einige Bemerkungen
zu Art. 82 verwiesen, und auf das bei Art. 22 zur Feststellung
der Identität der Beilagen mittelst „Zeichnung gegen Verän=
derung" Gesagte.

Handzeichen, von welchen der Art. 69 des Gesetzes spricht,
sollten die Notare so viel als möglich aus der freiwilligen Rechts=
pflege zu verdrängen suchen, wie sie beispielsweise in der Pfalz
gar niemals vorkommen. Sie sind nur geeignet, die Rechtsbe=
griffe der Gerichtsbaren über die Bedeutung einer solchen Unter=
zeichnung zu verwirren und zur Unterlassung einer eigentlichen Un=

terschrift aus Gleichgiltigkeit und Bequemlichkeit zu veranlassen, während dieselben Thür und Thor für Fälschungen offen lassen. Auch in dieser Hinsicht können die Notare erziehend auf das Volk wirken, wenn sie jede Gelegenheit benützen, zur Vervollkommnung und Erweiterung der Schreibkunde mitzuwirken durch Belehrung über die Bedeutung und den Werth derselben im einzelnen Falle, wo sich die Wichtigkeit ihrer Verwerthung zeigt.

Wenn ein Betheiligter nicht unterschreiben kann oder sich eines Handzeichens bedienen will, so genügt es, wie schon einmal angedeutet wurde, nicht, daß der Notar in der Urkunde sagt: „N. N. hat nicht unterschrieben“ oder „worauf sämmtliche Betheiligte und Zeugen mit Ausnahme des N. N. unterschrieben haben,“ sondern es muß die Erklärung dessen, welcher nicht unterschreibt, beurkundet werden: daß und warum er nicht unterschrieben hat, und zwar nicht etwa blos „daß er nicht unterschreiben könne“ sondern entweder „daß er des Schreibens nicht kundig sei,“ oder „daß er zwar des Schreibens kundig aber im Augenblicke durch ein Uebel an der Hand oder wie sonst am Schreiben gehindert sei.“

Der Rechtsbestand einer Urkunde wäre beispielsweise sehr bedenklich, wenn in einer solchen ein Beamter betheiligt wäre, der nothwendig des Schreibens kundig sein muß, und von diesem am Schlusse gesagt wäre, daß er die Urkunde nicht unterschrieben habe „weil er nicht schreiben könne.“

Jedes mögliche Bedenken gegen den Rechtsbestand seiner Urkunden muß aber der Notar sorgfältigst zu vermeiden bemüht sein. —

Daß die in den Art. 70 und 72 enthaltenen Verbote, in einer Urkunde etwas zu überschreiben, das ist eine Verbesserung dadurch zu bewerkstelligen, daß ein Wort oder eine Silbe ausgestrichen und etwas Anderes zwischen die Zeilen darüber geschrieben wird, oder Einschaltungen zwischen den Linien beizusetzen, oder Zusätze zu machen, zu radiren, daß diese Verbote mit der Strafe der Nichtigkeit für den Fall der Uebertretung verbunden sind, war durchaus nothwendig, um wirksam den Rechtsbestand der Urkunden gegen rechtswidrige Veränderungen zu sichern und wird mit einem Male argen Mißständen, welche in dieser Beziehung bestanden, ein Ende machen. Um die Nothwendigkeit von Verbesserungen, Zusätzen u. s. w. zu vermeiden, muß der Notar sich bemühen die Willenserklärungen der Vertragsparteien und vor Allem der Testirenden so klar und sicher als möglich zu erheben und festzustellen, ehe er sie niederschreibt, dann dafür sorgen, daß die Erklärungen wahrheitsgetreu, klar und geordnet zu Papier gebracht werden.

Die Art, wie nach Art. 71 und 72 Zusätze oder Verbesserungen, wo sie dennoch unumgänglich nothwendig sind, gemacht werden müssen, um nicht gegen das Gesetz zu verstoßen, wird ein Formular anschaulich machen.

Der Art. 73 enthält nur wenig Worte von der einfachsten selbstverständlichsten Bedeutung.

Demohngeachtet sei aus Anlaß dieses Artikels, welcher gebietet, die Notariatsakten in deutscher Sprache abzufassen, den Notaren eine recht ernste Mahnung dringend an's Herz gelegt.

Die Zeit ist vorüber, wo die Arbeit eines Beamten nach der Schwülstigkeit der Sprache gewerthet und für so viel gelehrter gehalten wurde, je mehr sie mit fremden barbarischen Ausdrücken gespickt, und je deutlicher in der Redeweise die Perücke des Verfassers zu erkennen war.

Möchten doch die Notare sich recht ernstlich bemühen, durch Einfachheit, Klarheit und Reinheit des Ausdrucks in ihren Urkunden zur Erhaltung der Schönheit unserer Sprache mitzuwirken.

Möchten dieselben besonders die leider tief eingewurzelte Gewohnheit meiden, fremdartige, ausländische Worte in die Urkunde einzustreuen.

Viele Menschen gibt es, die bei jeder Gelegenheit begeistert in das Lied einstimmen: „Was ist des deutschen Vaterland" aber jeden Augenblick in ihrer Sprache das Vaterland verleugnen, indem sie keinen Bericht, keine Entschließung, keine Urkunde schreiben können, in der nicht eine Unzahl fremder Ausdrücke zu finden ist.

Und doch fehlt es in unserer ebenso reichen als schönen Sprache nicht an entsprechenden, meist bezeichnenderen und schöneren Worten für die vielen aus Alterthum und Ausland eingeschmuggelten Ausdrücke, die in Schriften und Urkunden so oft zu finden sind.

Man darf sich nur einige Mühe geben und es wird nicht schwer werden, die mindestens gleich guten, wenn auch anfangs für das an Frembes gewöhnte Ohr neu klingenden deutschen Ausdrücke zu finden.

Ist nicht die Bezeichnung „Vertragsbetheiligte" ebenso klar als „Contrahenten", — „nebenbezeichneter Betreff" ebenso richtig bezeichnend, als: „rubrizirter Betreff", — „Amtsstube", so bezeichnend als „Bureau" oder „Amtskanzlei", — „feststellen, beurkunden" so gut als „constatiren", — „Ernährungsvertrag" so gut und richtig als „Alimentationsvertrag", „Vermögensaufnahme" ebenso deutlich und schöner als „Inventur", — „Vermögensverzeichniß" so gut als „Inventar", — „Zwangsversteigerungs-Verfügung" so deutlich als „Subhastationspatent"? —

Solche Beispiele ließen sich unzählige anführen. Mit wahrer Liebe zum Vaterlande und zur eigenen Muttersprache und einigem edeln Stolze, sich als Angehöriger des gesittetsten und denkendsten Volkes fühlen zu dürfen, wird man gerne zur Erhaltung der Reinheit seiner Sprache mitwirken, auf solche Art auch einen wesentlicheren Beitrag zur Herstellung seiner Einheit leisten, als durch begeisterte Reden darüber.

Dies sollten vor Allem die Notare, die dazu die beste und häufigste Gelegenheit haben, beherzigen, aber auch — alle anderen Beamten. —

Der in den Art. 74 und 75 vorgesehene Fall, wo eine Urkunde gleichzeitig in deutscher und in einer fremden Sprache aufgenommen wird, und nach Art. 76 in beiden Sprachen auszufertigen ist, soll in einem Formulare einer in Bayern ausgestellten und in Frankreich zu benützenden Vollmacht anschaulich gemacht werden.

Das Register, von welchem der Art. 77 des Gesetzes spricht — in den französischen und pfälzischen Notariatsgesetzen, aus welchen das Notariat in unser vaterländisches Gerichtswesen nun wieder aufgenommen ist, „Geschäftsregister" oder „Repertorium" genannt — erfordert die größte Pünktlichkeit des Notars.

Seine Bestimmung ist sowohl das Dasein einer Urkunde, als den Zeitpunkt der Entstehung derselben für alle Zukunft durch eine außerhalb derselben liegende Beurkundung gegen jede Fälschung sicher zu stellen, möge diese entweder durch spätere Beseitigung der Urkunde oder durch Unterschiebung einer anderen Urkunde versucht werden wollen.

Zu diesem Zwecke dient die Anordnung des Gesetzes, daß

die Blätter dieses Registers noch ehe der Notar die Errichtung einer Urkunde darauf einzeichnen darf, durch die Hand eines höheren richterlichen Beamten, des zuständigen Bezirksgerichts-Direktors, gegen jedes Herausnehmen oder Einschieben eines Blattes sicher gestellt werden müssen, und daß dasselbe, wie es Art. 78 vorschreibt, nach Ablauf des Kalender-Jahres durch denselben k. Beamten mittelst Feststellung der Zahl der darin bezeichneten Urkunden förmlich abgeschlossen wird.

Die zu erwartende Geschäftsinstruktion wird anordnen, ob das Geschäftsregister auf Stempel zu schreiben sein wird, oder auf stempelfreies Papier.

Um sich das Register zu verschaffen, wird sich jeder Notar schon in der ersten Hälfte des Juni laufenden Jahres eine An-zahl Bogen Papier, die er etwa für diejenige Zahl von Akten, welche während der noch kommenden sechs Monate dieses Jahres von ihm aufzunehmen und in dieses Geschäfts-Register vorzu-merken sein werden, für hinreichend hält, zusammenheften und mit einem einfachen Umschlage versehen lassen.

Er versieht dann jedes Blatt des Geschäfts-Registers — mit Ausnahme des Umschlags — oben im rechten Ecke mit der fortlaufenden Blattzahl, foliirt also dasselbe, etwa so: erstes Blatt, zweites Blatt 2c. 2c. zwanzigstes und letztes Blatt (nicht paginirt).

Dann schreibt er gleich auf die erste Seite des ersten Blattes und zwar auf die obere Hälfte die folgenden Worte:

„Gegenwärtiges zur Einschreibung der Urkunden des Notars
„N. N. zu N. N. in Gemäßheit des Art. 77 des Nota-
„riatsgesetzes vom 10. November 1861 für das Jahr acht-
„zehnhundert zwei und sechzig bestimmtes Geschäfts-Regi-
„ster, enthaltend zwanzig Blätter, *) ist durch den unter-
„zeichneten k. Bezirksgerichts-Direktor auf jedem Blatte
„mit seinem Namenszuge gegen Veränderung versehen worden."

„Amberg den fünf und zwanzigsten Juni eintausend
„achthundert zwei und sechzig.

Der k. Bezirksgerichts-Direktor:

---

*) Es versteht sich von selbst, daß diese Zahl beliebig und nur beispiels-weise hier gewählt ist; Notare in größeren Städten werden eine ziemlich große Zahl Bogen zusammenheften lassen können.

In solcher Weise vorbereitet sendet jeder Notar dieses Register an das Bezirksgericht, zu dessen Sprengel sein Amtssitz gehört.

Hoffentlich wird den Notaren in der zu erwartenden Geschäftsinstruktion gestattet werden, daß dieses ohne Berichterstattung oder Begleitungsbericht einfach durch Einsendung an das Direktorium oder das Sekretariat, und ebenso ohne alle Entschließung die Rücksendung an den Notar geschehe. Jede Berichterstattung und Behandlung bei dem Gerichte mittelst Eintragung in den Einlauf oder Rücksendung mit schriftlicher Verfügung u. s. w. — wäre eine ganz nutzlose Vielschreiberei und Zeitverschwendung.

In der Pfalz, wo durch den Bezirksgerichts-Präsidenten nicht blos diese Register der Notare, sondern die der Gerichtsboten — Huissiers —, die Rechnungsrepertorien der Advokaten, die sämmtlichen Einschreibungsregister des Hypothekenamtes und sämmtliche Geburts= Heiraths= und Sterb=Register aller zu dem Sprengel des Bezirksgerichts gehörigen Gemeinden in solcher Art „foliirt und paraphirt" werden müssen, wie dieses nach dortiger Geschäftssprache genannt wird, vergeht gegen Ende des Jahres fast kein Tag, wo nicht von da oder dort her Ergänzungsblätter zu Repertorien einlaufen, durch expresse Boten gebracht und sogleich wieder mitgenommen werden. Welche Zeit- und Papierverschwendung wäre es, wenn jedesmal ein Bericht dazu geschrieben, die sämmtlichen Stufen unserer Vielschreiberei-behandlung durchgemacht, Entschließungen zur Hinaussendung entworfen, unterzeichnet, „mundirt", „expedirt", „collationirt" werden müßten, und wie sonst noch diese vielen Schreibstuben-thätigkeiten barbarisch genannt werden mögen.

Der Bezirksgerichts-Direktor setzt, wenn ihm das Register zukömmt, auf der ersten Seite unter die obenangeführten Worte seine volle Unterschrift, dann auf jedem der anderen Blätter dicht unter die im oberen rechten Ecke befindliche Blattzahl seinen Namenszug und unter die des letzten Blattes wieder seine volle Unterschrift, — wobei er sich natürlich während dieser Thätigkeit durch Nachzählen der Blätter die Ueberzeugung verschaffen muß, ob die Zahlen richtig sind, und ob die auf dem ersten Blatte angegebene Anzahl der Blätter nicht irrig angegeben ist.

Braucht der Notar vor Ende des Jahres, weil er nicht ausreicht, eine Ergänzung seines Registers, so macht er es mit der etwa erforderlichen Anzahl Bogen wieder ebenso, und schreibt vor der Einsendung an das Bezirksgericht auf die erste Seite ganz oben hin:

„Gegenwärtige Fortsetzung des nach Art. 77 des Nota=
„riatsgesetzes vom 10. November 1861 zur Einschreibung
„der Urkunden des Notars . . . . . bestimmten Registers
„für das Jahr achtzehnhundert zwei und sechszig, be=
„stehend aus vier Blättern, wurde durch den unterzeichneten
„k. Bezirksgerichts=Direktor" u. s. w. wie oben.

In Zukunft muß sich jeder Notar im Laufe des Monats Dezember sein Register für das nächste Jahr auf solche Weise verschaffen.

Die Einsendung an das k. Bezirksgericht muß natürlich immer so rechtzeitig geschehen, daß der Notar sicher rechnen kann, sein Register auch rechtzeitig wieder zurück zu erhalten, um in der Einschreibung seiner Urkunden keinen Augenblick gehindert zu sein, also am ersten Juli laufenden Jahres und beziehungs= weise am ersten Januar eines jeden neuen Jahres sofort damit beginnen zu können.

Im Art. 77 ist nemlich, — und dies ist der wichtigste Punkt — bestimmt, daß die Urkunden „von Tag zu Tag" eingetragen werden müssen.

Der Notar darf also niemals die Eintragung auf einen anderen Tag oder gar auf mehre Tage verschieben, denn der Zweck des Gesetzes, und zu Erreichung dieses Zweckes der ent= schiedene Buchstabe des Gesetzes fordert, daß die Urkunden noch an demselben Tage, an welchem sie ihre Vollendung erhalten haben, unverzüglich in das Register eingetragen werden müssen.

Deshalb wird es auch, wenn die Staatsanwälte in Aus= übung der ihnen durch die Art. 124 ff. auferlegten Ueberwa= chungspflicht von den Geschäftsbüchern der Notare Einsicht nehmen, immer deren Erstes sein, das Register des Notars nach= zusehen und sich zu überzeugen, ob alle Urkunden richtig einge= tragen sind.

Da eine Urkunde ihr Dasein erst von dem Augenblicke be= ginnt, wo sie die Unterschrift des dieselbe errichtenden Notars erhalten hat, so ist sie auch erst von da an zur Einschreibung in das Register reif.

Bei Urkunden, deren Errichtung nicht in einer ununterbro=chenen Thätigkeit, sondern mit Unterbrechungen von Tagen und Wochen geschieht, wird die Einschreibung unter dem Datum der ersten Verhandlung vorgenommen und bei den späteren Verhand=lungen auf die Einschreibung der ersten Verhandlung hingewiesen.

Die Eintragungen dürfen zwar, wie es gerne geschieht, um das Register nicht zu dickleibig werden zu lassen, enge geschrieben werden, allein es darf dieses doch nicht auf Kosten der Deutlich=keit, Uebersichtlichkeit und der gefälligen äußeren Form geschehen, welcher bei allen Notariats=Schriften die erforderliche Sorgfalt zugewendet werden soll.

Eine Gebühr ist dem Notar für die Eintragung seiner Ur=kunden in dieses Register nicht eröffnet. Art. 30 Nr. 95 der Gebührenordnung.

In dem Art. 78 ist also, wie oben bereits bemerkt wurde, vorgeschrieben, daß der Notar beim Beginne des neuen Kalender=Jahres und zwar spätestens am achten Januar sein Register in Ur= und Abschrift dem Bezirksgerichts=Direktor zum Abschließen vorlegt.

Sohin hat der Notar bezüglich des Registers sein Augen=merk darauf zu richten, daß er im Monate Dezember eines jeden Jahres das gehörig vorbereitete Register für das nächst=folgende Jahr und in den ersten acht Tagen des neuen Jahres das Register für das vergangene Jahr und zwar dieses in Ur= und Abschrift dem Bezirksgerichts=Direktor vorlege.

Es versteht sich von selbst, daß er vor dieser Vorlage auf der Urschrift das Register selbst abschließt, etwa mit den Worten :

Gegenwärtiges Geschäfts=Register des Notars .... für die Eintragung der Urkunden des Jahres achtzehnhundert zwei und sechzig, abgeschlossen mit ......*) Nummern.

Sulzbach den ein und dreißigsten Dezember achtzehn=hundert zwei und sechzig. — Der k. Notar

N. N.

---

*) Die Zahl der Nummern ist nicht in Ziffern sondern in Worten zu schreiben.

Am Schlusse der Abschrift bestätigt er den Gleichlaut der=
selben mit der Urschrift etwa so:

Diese Abschrift des Geschäfts=Registers des Notars N. N.
für Eintragung der Urkunden des Jahres achtzehnhundert zwei
und sechszig wurde mit der Urschrift verglichen und gleich=
lautend befunden. Sulzbach den dritten Januar achtzehn=
hundert drei und sechszig. — Der k. Notar.

N. N.

Hoffentlich wird den Notaren gestattet werden, auch diese
Einsendung ohne alle weitere Förmlichkeit zu bewerkstelligen.
Indessen werden dieselben, da die Versäumniß der Abgabe eine
Strafe nach sich zieht, eine Bescheinigung über die geschehene
Ablieferung verlangen dürfen, und daher gut thun, eine solche
von ihnen geschrieben mit vorzulegen, damit diese nur durch den
betreffenden Bediensteten des Bezirksgerichtes unterzeichnet werde;
etwa so:

Der k. Notar N. N. in .... hat heute die Urschrift
seines Geschäfts=Registers für achtzehnhundert zwei und sechs=
zig nebst einer Abschrift desselben für das Bezirksgericht
N. N. an den Unterzeichneten abgegeben.

Amberg den vierten Januar achtzehnhundert drei und
sechszig.

Der k. Bezirksgerichts . . . . . .

N. N.

Der k. Bezirksgerichts=Direktor hat dann nur unter der
Ur= und Abschrift seinerseits die Richtigkeit des vom Notar
gemachten Abschlusses, wenn er sich hiervon überzeugt hat, zu be=
stätigen, etwa so:

Der vorstehende Abschluß des Geschäfts=Registers mit . . . . .
Nummern ist richtig.

Amberg den neunten Januar achtzehnhundert drei und
sechszig.

Der k. Bezirksgerichts=Direktor:

N. N.

auf der Abschrift:

Der vorstehende Abschluß des Geschäfts-Registers mit... Num= mern ist richtig und mit demjenigen der Urschrift gleichlautend. Amberg den neunten Januar achtzehnhundert drei und sechszig.

Der k. Bezirksgerichts-Direktor:

N. N.

Die Rücksendung der Urschrift an den Notar muß ohne Verzug geschehen und es bedarf dabei keiner Förmlichkeit einer Entschließung oder eines Begleitungsschreibens. Der Notar weis ja, was und warum er das Uebersendete bekommt und sieht aus dem Abschlusse, daß der Zweck der Einsendung erreicht ist. Wozu also noch irgend ein Schreiben? Mit dem in Art. 77 und 78 des Gesetzes behandelten, nach der Zeitfolge der Ent= stehung der Urkunden und jahrweise geführten Geschäfts-Register oder Repertorium ist nicht dasjenige Register zu verwechseln, welches sich der Notar zum Zwecke der leichten und raschen Aufsuchung der von ihm errichteten Urkunden halten muß, da er ja täglich in den Fall kommt, früher von ihm errichtete Urkunden aufzu= suchen, um Ausfertigungen davon machen zu lassen oder in neuen Urkunden darauf Bezug zu nehmen.

Dieses Register wird natürlicherweise alphabetisch nach dem Namen der Betheiligten, mit Hinweisung auf die Zahl des Jahres, in welchem die Urkunde errichtet ist, sowie auf die Num= mer des Repertoriums des treffenden Jahres geführt.

Der Notar wird gut thun, die Urkunden nicht blos bei dem Anfangsbuchstaben des Namens Eines der Betheiligten einzu= tragen, sondern bei dem Anfangsbuchstaben der Namen eines jeden der Betheiligten, wenn deren nicht zu viele sind, oder wenn sie nicht, wie dieses bei Inventarien, Verlassenschaftstheilungen ge= schehen kann, unter einem die Auffindung ermöglichenden Ge= sammtnamen eingetragen werden können.

Ebenso ist sehr zu rathen, daß dieses Register nicht etwa immer erst, wenn eine Anzahl Urkunden errichtet ist, ergänzt werde, sondern wo möglich, wie das Repertorium, von Tag zu Tag fortgeführt werde, weil sonst leicht der Stoff für dasselbe so massenhaft anwächst, daß eine Nachholung nur mit großem Mühe= und Zeit-Aufwande geschehen kann.

In den Bestimmungen des Art. 80 des Notariatsgesetzes liegt schon die Aufhebung des Gesetzes vom 1. Juli 1856, die exekutorischen Urkunden betreffend, welche im Art. 150 des Notariatsgesetzes noch ausdrücklich ausgesprochen ist.

Hienach bedarf es, damit der Notar einer Notariatsurkunde auf der Ausfertigung die Vollziehbarkeitsklausel beifügen könne, nicht mehr der nach dem Gesetze vom 1. Juli 1856 erforderlich gewesenen ausdrücklichen Zustimmung des Verpflichteten zur Vollziehbarkeit, soferne nur die Urkunde die im Art. 80 bestimmten Voraussetzungen enthält.

Die Vollziehbarkeitsklausel, deren Form der Art. 86 vorschreibt, bildet das äußere Kennzeichen, durch welches die in Bezug auf die Beweiskraft bevorzugten Ausfertigungen sofort von anderen einfachen Ausfertigungen zu unterscheiden sind. Ihre wahre Bedeutung wird die Vollziehbarkeitsklausel erst erhalten, wenn mit der Einführung eines neuen Gesetzbuches über das gerichtliche Verfahren in bürgerlichen Rechtsstreitigkeiten die Vollstreckungshandlungen nicht mehr den Gerichten zustehen, sondern den Gerichtsvollziehern, Gerichtsboten übertragen werden.

Demohngeachtet hat sie der Notar in den dazu geeigneten Fällen auch jetzt schon beizusetzen, nachdem das Gesetz sie eingeführt hat, und nicht dabei stehen geblieben ist, auf so lange als den Gerichten noch die Vollziehung obliegt denjenigen Urkunden bevorzugte Beweiskraft beizulegen, welche sich ohne dieses äußere Kennzeichen mit Rücksicht auf ihren Inhalt nach gesetzlicher Bestimmung zu sofortiger Einleitung des Vollstreckungsverfahrens eignen.

Durch den Art. 82 des Gesetzes, welcher die Notare verpflichtet von allen Verhandlungen, welche sie aufnehmen, die Urschrift aufzubewahren, sind sie als wahre „verantwortliche Bewahrer" (Depositäre) ihrer Urschriften aufgestellt, und dürfen also die Urkunden in Urschrift nur in den durch das Gesetz ganz bestimmt genannten Fällen, welche als Ausnahmen von der Regel erscheinen, herausgeben.

In anderen Fällen können sie nur Abschriften oder Ausfertigungen ertheilen.

Die Urschriften sind öffentliches Eigenthum. Als Bewahrer derselben sind die Notare den Betheiligten, sowie dem Staate

gegenüber dafür verantwortlich, daß sie jeden Augenblick im
Stande sind dieselben vorzulegen. Daher auch im Art. 125
den Staatsanwälten die Befugniß eingeräumt ist, jeder Zeit auf
den Amtsstuben der Notare davon Einsicht zu nehmen, eine Befugniß, von welcher die Staatsanwaltschaft aber nur mit rücksichtsvoller Mäßigung im Hinblicke darauf Gebrauch machen
wird, daß diese Befugniß ihren Grund in einer Pflicht der
Staatsanwaltschaft hat, nemlich in der Pflicht der Ueberwachung
des Notariates, daß es also niemals aus persönlichen Gründen
geschehe, niemals ohne vorhandenen objektiven Anlaß, durch welchen der Staatsanwalt guten Grund hat diese Maßregel für
nothwendig zu erachten.

Wenn der Staatsanwaltschaft die Pflicht der Ueberwachung
des Notariates obliegt, so liegt hierin gerade auch die Pflicht
zur Aufrechthaltung des für die ersprießliche Wirksamkeit dieser
Einrichtung unentbehrlichen Ansehens derselben. Dieses Ansehen
aber wird untergraben, wenn dasjenige seiner einzelnen Organe
durch rücksichtslose, von persönlichen Gründen geleitete Maßregeln
gefährdet würde.

Uebrigens wird man es nicht als Disciplinarmaßregel betrachten dürfen, wenn sich die Organe der Staatsanwaltschaft,
namentlich in der ersten Zeit, gelegenheitlich von der Behandlung der Sache durch den oder jenen Notar überzeugen, um
auch mit Rath an die Hand gehen zu können.

Die Verantwortlichkeit des Notars für die Bewahrung der
Urschriften geht auch auf seine Erben über, weßhalb diese sehr
dabei betheiligt sind, daß nach dem Tode des Notars die durch
den Art. 100 bestimmten Vorsichtsmaßregeln sofort und mit
ihrer Zuziehung zu Wahrung ihrer Rechte getroffen und bis
dahin die Urschriften unter sicherer Obhut gehalten werden.

Im Hinblicke auf diese Verwahrungspflicht der Notare
können daher auch die Gerichte die Vorlage einer Urschrift von
dem Notare nur in den gesetzlich bestimmten Ausnahmsfällen
verlangen, und zwar nur in Folge und kraft eines förmlichen
mit Gründen versehenen richterlichen Beschlusses, — der nach
Art. 92 auch im Falle des Art. 112 nothwendig sein wird,
wenn nemlich das Bezirksgericht zur Festsetzung der Größe der
Notariatsgebühr im Falle einer Beanstandung durch die Bethei-

6

figten die Vorlage der Urschrift zur Einsichtsnahme verlangen würde.

Daß dem Notare das Recht der Beschwerde an den Oberrichter zustehe, wenn die Herausgabe einer Urschrift von ihm in einem dazu nicht geeigneten Falle verlangt wird, dürfte um so weniger zu bezweifeln sein, als diesem Rechte seine gesetzliche Verpflichtung zu Grunde liegt, seine Urschriften zu bewahren und gegen Angriffe zu vertheidigen, für die nicht ein nach dem Gesetze vollkommen gerechtfertigter Grund vorliegt.

Daß in dem Falle, wo nach Art. 55 statt der zwei Zeugen ein zweiter Notar zugezogen wird, nicht dieser, sondern der die Urkunde errichtende Notar die Urschrift aufzubewahren hat, bedarf kaum einer Erwähnung.

Ebenso würde, wenn ein Notar im Falle seiner plötzlichen Erkrankung oder sonstigen Verhinderung einen Kollegen ersuchen müßte, ein bereits festgesetztes Notariatsgeschäft für ihn vorzunehmen, die Aufbewahrung der Urschrift dem verhinderten Notare zustehen und obliegen, wie schon aus dem Art. 42 hervorgeht.

Ueber die Art der Aufbewahrung der Urschriften ist im Eingange dieses Leitfadens bereits das Nothwendige gesagt worden.

Unter den Ausnahmsfällen, in welchen die Urschrift einer Urkunde hinausgegeben werden darf, nennt das Gesetz auch die Vollmachten.

Der Notar kann also den Vollmachtgebern je nach deren Wunsche eine Abschrift oder eine Ausfertigung der von ihnen ausgestellten Vollmacht, oder diese in Urschrift geben.

Es fragt sich, was der Notar, welcher eine Urkunde errichtet, wenn hiebei ein Betheiligter nicht selbst, sondern durch einen Bevollmächtigten mitwirkt, rücksichtlich der Vollmacht dieses Bevollmächtigten zu beobachten hat?!

Wenn die Vollmacht bei demselben Notare errichtet worden war, so genügt es, den anderen Vertragsbetheiligten davon Einsicht zu geben und, daß dieses geschehen sei, in der zu errichtenden Urkunde unter Anführung des Datums der Urkunde und des Umstandes, daß die Vollmacht von dem amtirenden Notare aufgenommen ist, Erwähnung zu thun.

Wenn aber der Bevollmächtigte die Urschrift der ihm ertheilten Vollmacht mitbringt, und wenn dieses eine General-
Vollmacht ist, von welcher der Bevollmächtigte noch in anderen
Fällen Gebrauch machen muß, — was hat dann zu geschehen?
Das Gesetz sagt nicht, daß jedesmal, so oft ein Betheiligter durch einen Bevollmächtigten erscheint, der amtirende Notar
die Vollmacht der errichteten Urkunde beilegen muß, — und
der bereits besprochene Art. 68 spricht nur davon, wie es der
Notar zu machen habe, wenn eine Vollmacht mit der Urkunde
zu verbinden ist.

Allein ohngeachtet des Mangels einer ausdrücklichen gesetzlichen Vorschrift möchte behauptet werden können, daß die Vollmacht des für den Betheiligten erscheinenden Bevollmächtigten,
wenn sie nicht bei dem amtirenden Notare selbst aufgenommen
wurde, der Urkunde jedesmal beizufügen und also auch nach
Vorschrift des Art. 68 beizuheften ist.

Die Urkunde muß das Erzeugniß des wechselseitigen Verständnisses der Vertragsbetheiligten über die Natur, die Wirksamkeit, Ausdehnung und Tragweite ihrer gegenseitigen Rechte
und Verbindlichkeiten sein und den Nachweis dieses wechselseitigen
Verständnisses ganz in sich tragen, um für alle Zukunft Schwierigkeiten über den Rechtsbestand und Umfang des Geschäftes zu
begegnen.

Zu diesem Zwecke genügt es außer dem oben angeführten
Falle nicht, wenn in der Urkunde blos erwähnt würde, daß die
Vertragsbetheiligten von der durch den Bevollmächtigten ihnen
vorgelegten Vollmacht Einsicht genommen haben, namentlich dann
nicht, wenn die bei einem anderen Notare aufgenommene Vollmacht in Urschrift in den Händen des Bevollmächtigten, oder,
wenn sie nur eine Urkunde unter Privatunterschrift ist, also
möglicherweise für immer zu Verlust gehen könnte.

Der Abs. 4 des Art. 82, und der Art. 84 haben auch vor-
gesorgt, daß der Bevollmächtigte, welcher seine Vollmacht abgibt,
dadurch für andere Fälle nicht in Verlegenheit kömmt; denn

a) nach Art. 82, Abs. 4 ist der amtirende Notar, wenn
eine Vollmacht in Urschrift bei ihm vorgelegt wird, berechtigt,
später wieder Ausfertigung davon zu ertheilen, wenn sie zu diesem Zwecke bei ihm hinterlegt wird,

6 *

b) nach Art. 84 kann jeder Notar Abschriften (nicht Aus=
fertigungen) von Urkunden fertigen, die ihm vorgelegt worden sind.

Zu den in Art. 82 genannten Verhandlungen, welche, weil
sie Bestandtheile gerichtlicher Akten bilden, in Urschrift hinaus=
gegeben werden dürfen, gehören, wie sich von selbst versteht, die=
jenigen Verhandlungen, welche der Notar in Folge gerichtlichen
Auftrags aufnimmt, und welche zu den einschlägigen gerichtlichen
Akten gehören, z. B. Inventare, welche in den von den zustän=
digen Gerichten behandelten Verlassenschaften aufgenommen wer=
den — Art. 19 — ferner auch die Urkunden über Versteigerun=
gen, welche die Notare in den bei Gericht anhängigen Prozeß=
sachen nach Art. 52 vorzunehmen haben.

Der Art. 83 des Gesetzes ist von selbst klar. Wenn dem
Notare irgend eine Urkunde gebracht wird und zugleich eine.Ab=
schrift dieser Urkunde zu keinem anderen Zwecke als um auf
der Abschrift zu bestätigen, daß er diese mit der Urkunde ver=
glichen und mit dieser gleichlautend befunden habe, so soll er
über diese Vergleichung u. s. w. keine besondere Notariatsurkunde
aufnehmen, sondern sich darauf beschränken auf die Abschrift zu
setzen:

Gegenwärtige Abschrift wurde durch den unterzeichneten
Notar mit der ihm vorgelegten Urkunde verglichen und
mit dieser Urkunde gleichlautend befunden.

Schwandorf den dritten Mai achtzehnhundert . . . . .

Der k. Notar.

N. N.

Dasselbe würde der Fall sein, wenn die Urkunde ihm zu
diesem Zwecke gebracht und die Abschrift erst auf seiner Amts=
stube durch seinen Schreiber gefertigt würde.

Die Errichtung einer besonderen Notariatsurkunde würde
in solchen Fällen ganz unnöthig sein.

Die Gebührenordnung eröffnet dem Notare auch keine Ge=
bühr für eine besondere hierüber errichtete Urkunde. — Art. 12,
Nro. 43 und 44.

Ebenso wird keine besondere Urkunde darüber errichtet wer=
den müssen, wenn dem Notare eine Urkunde zu dem Zwecke
gebracht wird um auf derselben zu bestätigen, daß und an wel=
chem Tage sie ihm vorgezeigt wurde.

Der Verfasser dieses Leitfadens kann sich nicht versagen, hier den Wunsch auszusprechen, daß von dieser Art der Thätigkeit des Notariates, für welche die Gebührenordnung — Art. 12, Nro. 41 dem Notare eine Gebühr eröffnet, durch die Gerichtsbaren recht oft Gebrauch gemacht werde. — Es wird dadurch mittels einer ganz geringen Ausgabe eine Maßregel für die Rechtssicherung bezweckt, welche das in der Pfalz geltende französische Recht mit besonderer Sorgfalt auf verschiedenen Wegen zu erzielen gewußt hat, durch welche eine Menge von Rechtsstreiten im Keime erstickt oder mindestens mit Erfolg abgekürzt werden, — nemlich die Feststellung des sicheren Datums den bei einem Vertrage nicht betheiligten Dritten gegenüber.

Es wird genügen nur ein Paar Beispiele anzuführen.

Der A. cedirt mir am 8. Mai 1862 eine Forderung gegen B. durch eine Urkunde unter Privatunterschrift.

Ich gehe sofort mit dieser Urkunde zu dem Notare R. R., zeige ihm dieselbe und lasse mir auf derselben von ihm mit Unterschrift und Siegel bestätigen,

„daß ich ihm am achten Mai achtzehnhundert zwei und „sechszig die Urkunde vorgezeigt habe."

Später muß ich gegen den abgetretenen Schuldner (debitor cessus) klagen, der sich weigert an mich zu bezahlen, weil schon ein anderer Cessionar D. die Forderung gegen ihn eingeklagt habe.

Dieser Cessionar wird in den Prozeß gezogen.

Seine Cession unter Privatunterschrift trägt keine solche Bestätigung für das Datum ihrer Entstehung.

Der Richter wird nicht in Verlegenheit sein, welcher der beiden Cessionen er den Vorrang der früheren Entstehung und der Aufrichtigkeit beizulegen habe. —

Oder der A. verkauft mir eine Anzahl Mobiliargegenstände, die er jedoch im Besitze behält, und es wird darüber zwischen uns eine Privaturkunde errichtet, die ich sofort einem Notare vorzeige, der mir das Datum der Vorzeigung darauf bestätigt.

Später geräth A. in Verschuldung, und seine Ehefrau nimmt diese sämmtlichen Gegenstände in Anspruch mit der Behauptung, er habe ihr sein ganzes Mobiliar zur Deckung ihres Einbringens überlassen.

Es wird kein Richter den von ihr behaupteten Vertrag für

aufrichtig und für älter als den meinigen erklären können, wenn sie diesem nicht mit einem, gleich große Gewährschaft rücksichtlich der Zeit der Entstehung bietenden Rechtstitel entgegen zu treten vermag.

In Gemäßheit des Art. 84 kann jeder Notar einfache, das heißt: die Vollziehbarkeitsklausel nicht enthaltende Abschriften auch dann fertigen, wenn er nicht der Bewahrer der entsprechenden Urschrift ist, sondern in den Besitz derselben dadurch gelangte, daß sie ihm bei Gelegenheit der Errichtung einer Urkunde vorgelegt oder daß sie bei ihm hinterlegt wurde. — Art. 82, Abs. 4.

Dagegen steht das Recht, eine mit der Vollziehbarkeitsklausel versehene Abschrift oder aber eine „erste Ausfertigung" — zu machen — Ausfertigung im engeren Sinne oder Hauptausfertigung genannt, Art. 87 — nur demjenigen Notare zu, welcher der Bewahrer der entsprechenden Urschrift ist.

Dieser Artikel bietet mehrfache sehr wichtige Gesichtspunkte dar, die der Notar doch ja nicht aus dem Auge verlieren darf.

1) Die Bedeutung einer Ausfertigung ist die, daß, wenn eine solche dem Gerichtsvollzieher eingehändigt wird, derselbe, ohne vorgängige Prüfung des Gerichtes und ohne weiteren Auftrag von Seite des Gerichtes mit Vollstreckungshandlungen gegen den Verpflichteten beginnen kann.

Wenn nun auch diese Einrichtung der Gerichtsvollzieher jetzt noch nicht besteht, und die Gerichte, denen jetzt noch die Anordnung des Vollzuges obliegt, durch die Vollziehbarkeitsklausel in ihrer Befugniß nicht gehindert sind selbstständig zu prüfen, ob die Urkunde mit Rücksicht auf ihren Inhalt sich zur sofortigen Exekution eigne, so erscheint doch die Clausel, wie oben schon bemerkt wurde, auch jetzt schon von Bedeutung,

a) weil sie der Urkunde das äußere Kennzeichen beilegt, durch welches solche in Bezug auf Beweiskraft bevorzugte Ausfertigungen sich von anderen einfachen Abschriften unterscheiden,

b) weil jede solche, wenn auch noch vor gesetzlicher Einführung der Gerichtsvollzieher gefertigte Ausfertigung seiner Zeit nach Einführung dieser Einrichtung zur Vornahme von Vollstreckungsmaßregeln benützt werden kann.

2) Der Notar muß also berücksichtigen, daß er durch eine unbefugte Ertheilung einer solchen Ausfertigung nicht nur

a) eine sehr unzarte, den Schein des schmutzigen Eigennutzes auf ihn werfende Beeinträchtigung der Rechte desjenigen seiner Collegen begeht, welcher der Bewahrer der Urschrift, also allein zur Ertheilung der Ausfertigung befugt ist, sondern

b) auch die Hand bietet zu einem argen Mißbrauche, welcher möglicherweise mit dieser unbefugterweise ertheilten Ausfertigung beabsichtigt und vollführt werden kann.

3) Der Notar soll überhaupt keine „Ausfertigung" von einer Urkunde geben, welche sich nicht zu einer Vollstreckung eignet, also nicht von Urkunden, welche überhaupt keine Verpflichtung zu einer Leistung enthalten.

So würde es ganz nutzlos sein, wenn der Notar nach dem Tode eines Testators eine „Ausfertigung" des letzten Willens des Erblassers in einem Falle ertheilen wollte, wo das Testament keine andere Verfügungen des Erblassers enthielte, als Anordnungen für den gesetzlich erbberechtigten Verwandten, wie er das Grab des Erblassers behandeln solle; oder wenn er eine „Ausfertigung" von einer Urkunde geben würde, welche nichts anderes als die Einwilligung des Vaters zur Heirath seines entfernt wohnenden Sohnes enthielte, wo natürlich eine von dem Notare beglaubigte und, wenn die Urkunde außerhalb des Appellationsgerichtssprengels benützt werden solle, noch mit der Förmlichkeit des Art. 97 versehene Abschrift genügt.

Aus dem oben besprochenen Art. 22, wonach die Betheiligten der über ein Rechtsgeschäft errichteten Privaturkunde durch Hinterlegung derselben bei einem Notare die Eigenschaft einer Notariatsurkunde verleihen können, geht hervor, daß dieser Notar von einer solchen Privaturkunde auch Ausfertigung ertheilen kann, aber da die Hinterlegung nach Art. 22, Abs. 3 und 152 Wirksamkeit nur gegen diejenigen Verpflichteten hat, welche zu der Hinterlegung mitgewirkt haben, so muß der Notar sehr vorsichtig bei Ertheilung einer solchen Ausfertigung sein.

Wenn z. B. eine Schuldurkunde, welche von A B und C als Schuldnern unterzeichnet ist, späterhin nur von A und C bei einem Notare hinterlegt wird, der B aber hiebei nicht mitwirkt, so kann keine Ausfertigung von der Schuldurkunde gegen B gegeben werden. Würden aber A B und C bei der Hinterlegung mitwirken, so könnte dem Gläubiger eine Ausfertigung von der

Schuldurkunde gegeben werden, weil durch die Mitwirkung der drei Schuldner bei der Hinterlegung die Anerkennung derselben für ihr in der Privaturkunde niedergelegtes Schuldbekenntniß notarisch beurkundet ist.

Nach Art. 85 kann jeder Betheiligte, der den Vollzug der Verhandlung zu beantragen berechtigt ist, die Ertheilung einer Ausfertigung v e r l a n g e n.

Der Notar soll aber die Ausfertigung nicht geben ohne daß sie von den Betheiligten v e r l a n g t wird. Es wird mit Recht als ein verwerflicher Ausfluß schmutziger Habsucht ange= sehen und kann deshalb auch disciplinärer Ahndung unterliegen, wenn der Notar ohne Bedürfniß von einer zu Ertheilung einer Ausfertigung geeigneten Urkunde die Ausfertigung machen läßt und den Betheiligten so zu sagen aufdringt.

Jahre lang oder für immer können ja Urkunden unausge= fertigt bleiben, wenn niemals die Vollziehung der darin enthal= tenen Verpflichtungen mittelst richterlicher Hilfe nothwendig wird.

Ebenso unrecht wäre es auch, wollte der Notar wohl gar j e d e m der Vertragsbetheiligten eine Ausfertigung geben ohne Rücksicht auf deren Eigenschaft als Gläubiger oder Verpflichteter, als Verkäufer oder Käufer.

Wozu beispielsweise dem V e r k ä u f e r eine Ausfertigung der Verkaufsurkunde ertheilen, wenn der Kaufpreis sofort bezahlt und in der Urkunde schon darüber quittirt wurde, oder gar einem Schuldner eine Ausfertigung der notarischen Schuldurkunde, da doch nach mehreren Civilrechten der Besitz der Schuldurkunden in den Händen des Schuldners sogar eine Vermuthung für ge= leistete Zahlung bildet?!

Dagegen kann wohl der Fall vorkommen, daß j e d e r der Vertragsbetheiligten eine Ausfertigung verlangen und auch er= halten kann, wenn die Vertragsurkunde derartige wechselseitige Rechte und Verpflichtungen feststellt, daß jeder der Vertragsbe= theiligten in den Fall kommen kann, den anderen zur Erfüllung gerichtlich zwingen zu müssen. Dann erfolgt zwar die Ausfer= tigung für jeden der Vertragsbetheiligten a u f d e s s e n Ver= l a n g e n aber es wird auf der Urschrift bemerkt, daß bereits eine Ausfertigung und an wen, und es wird auf der Ausfertigung bemerkt, an wen diese ertheilt wurde. — Art. 88, Abs. 1.

So kann es auch geschehen; daß, wenn ein Schuldbekenntniß zu Gunsten Mehrerer ausgestellt wurde, für jeden derselben
eine Ausfertigung ertheilt werden kann, wobei aber, wenn die
Leistungsverbindlichkeit als eine theilbare eingegangen wurde,
auch die Vollziehbarkeit auf den besonderen Schuld-Antheil, beispielsweise in folgenden Worten zu beschränken ist:

„Gegenwärtige Ausfertigung ertheilt durch den unterzeich-
„neten Notar dem Gläubiger N. N., um ihm als vollzieh-
„bare Urkunde für die Summe von einhundert Gulden
„zu dienen, welche der Schuldner N. N. zu bezahlen hat."

Auch hier muß natürlich die Vorschrift des Art. 88, Abf.
1 beobachtet werden. Zu den Art. 86 und 87 wird im Anhange
ein Formular einer Ausfertigung gegeben werden.

Den Notaren wird der Ausdruck „wortgetreu" im Art. 87
nicht entgehen. Er ist geflissentlich nach Art. 7 des Gesetzes
vom 1. Juli 1856 über die exekutorischen Urkunden in das Gesetz aufgenommen und hat die Bedeutung, daß Zusätze, Ausstreichungen, welche in der Urschrift vorkommen, auch in der Ausfertigung wieder gegeben werden müssen, damit schon aus dieser
ersehen werden könne, ob die Urkunde mit einem der in Art. 71
bis 73 bezeichneten Mängel behaftet sei.

Sind aber rücksichtlich zugesetzter oder durchstrichener Worte
die Vorschriften der Art. 71 und 72 in der Urschrift beobachtet,
so wird in der Ausfertigung der solchergestalt genehmigte Text
so aufgenommen, als ob er gleich so in der Urschrift niedergeschrieben worden wäre.

Ausstreichungen, Rasuren, Einschaltungen, Ueberschreibungen,
die in der Ausfertigung selbst vorgenommen würden, müßten
der Ausfertigung die Beweiskraft entziehen, welche die Urschrift
hat. Art. 87, Abf. 2.

Das Verbot des Art. 88, Abf. 2, daß e i n e m u n d
d e m s e l b e n Betheiligten keine weitere mit der Vollziehbarkeitsklausel versehene Ausfertigung ohne vorgängige Weisung des
Bezirksgerichts-Direktors ertheilt werden darf, ist begreiflicherweise im Interesse des Verpflichteten gegeben, welcher bereits
zur Erfüllung seiner Verpflichtung mittelst der ersten Ausfertigung angehalten worden sein kann, und der, wenn er auch die
Richtigkeitserklärung nochmaliger gerichtlicher Zwangsmittel auf

Grund einer weiteren Ausfertigung, erwirken könnte, doch v o r der Richtigkeits-Erklärung den Belästigungen und Nachtheilen gerichtlichen Zwanges ausgesetzt sein würde.

Wenn aber der Gläubiger seine Ausfertigung verloren hat, oder wenn sie in einem durch Alter oder wie sonst zu sehr be= schädigten Zustande sein sollte, und der Gläubiger bedarf der= selben zur gerichtlichen Erlangung seines Anspruches, so erfordert es sein Recht, daß ihm eine weitere Ausfertigung ertheilt werde.

Es wird wohl nicht bezweifelt werden können, daß es neben dem im Gesetze angegebenen Wege, die Erlaubniß des Bezirks= gerichts-Direktors zu erholen, auch noch einen anderen Weg gibt, und daß jener nur dann zu betreten ist, wenn dieser nicht zum Ziele führt, nemlich: die Zustimmung des Schuldners.

Willigt der Schuldner ein, so bedarf es natürlich keiner Weisung des Direktors. Diese Einwilligung muß aber vor dem Notare erklärt und beurkundet und auf der weiteren Ausferti= gung bemerkt werden. Die über die Einwilligung aufgenom= mene Urkunde wird der Urschrift der ursprünglichen Verpflich= tungsurkunde beigeheftet.

Man darf nicht glauben, daß es nicht vorkomme, daß der Schuldner einwillige. Die Erfahrung lehrt in Frankreich und der Pfalz, daß dieser Weg mit Erfolg eingeschlagen wurde.

Wird die vorgängige Weisung des Bezirksgerichts-Direktors nothwendig, so hat diese nicht der Notar, sondern der Bethei= ligte zu erholen.

Daß diesem die Erlangung nicht durch äußere Förmlichkeiten erschwert werden soll, geht schon daraus hervor, daß der Gesetz= geber gar keine Förmlichkeit angeordnet hat.

Die Bezirksgerichts-Direktoren werden sich also ein um so größeres Verdienst erwerben, je weniger sie diese ihre Hilfe an Förmlichkeiten knüpfen.

Nirgends ist vorgeschrieben, daß eine schriftliche oder wohl gar, daß eine von einem Advokaten verfaßte Eingabe gemacht werden müsse. Der Direktor kann also auf eine mündliche Bitte oder auf einen einfachen Brief seine Thätigkeit eintreten lassen. Ebenso kann wohl auch die Vernehmung der Betheiligten, wo er sie nothwendig findet, ohne alle Förmlichkeit geschehen.

Die Hauptsache ist, daß sich der Direktor wohl begründete

Ueberzeugung verschaffe, daß nicht ein Mißbrauch bezweckt wird, sondern daß ein triftiger rechtlicher Grund für den Berechtigten besteht eine weitere Ausfertigung zu erlangen, und daß der Verpflichtete keinen rechtlichen Grund habe sich zu widersetzen. Wie sich der Direktor diese Ueberzeugung verschaffen will, ist seinem Ermessen überlassen. Wenn es im Art. 88, Abs. 2 heißt:

„Demselben Betheiligten darf keine weitere Ausfertigung „gegeben werden,"

so versteht es sich von selbst, daß darin auch der Erbe und Rechtsnachfolger des Betheiligten begriffen ist, bezüglich dessen dieselben Gründe bestehen, wie bezüglich des Betheiligten selbst. Der Art. 89 bedarf keiner näheren Erläuterung.

Der Fall dieses Artikels kommt am häufigsten bei Verlassenschaftstheilungen vor, wo den einzelnen Erben Auszüge aus der Theilungsurkunde gegeben werden zum Nachweise der an sie geschehenen Zutheilungen.

Solche Auszüge haben dann den wesentlichen allgemeinen Theil der Theilungsurkunde zu enthalten, die Aufzählung der Erbberechtigten, das Wesentliche der Aktiv- und Passiv-Masse, und die Aufzählung der den treffenden Erbberechtigten zugewiesenen Bestandtheile der Masse, Liegenschaften, bewegliche Gegenstände, Aktivforderungen, Schulden u. s. w.

Wenn auch jeder dieser vollziehbaren Auszüge, wie es das Gesetz vorschreibt, als „Auszug" bezeichnet werden muß, so verliert er dadurch nichts an seiner Eigenschaft als „Ausfertigung," welche dem Erben zum Nachweise seiner Erbqualität, seines Eigenthums an den ihm zugewiesenen Liegenschaften, zur Geltendmachung seiner Ansprüche gegen die ihm zugewiesenen Schuldner, nöthigenfalls mit gerichtlicher Hilfe, ertheilt worden ist.

Wird ein solcher Auszug zum Behufe einer Vollzugsmaßregel, etwa zu Beitreibung einer bei der Erbtheilung dem Erben zugewiesenen Forderung, deren Zuweisung der Schuldner in der Theilungs-Urkunde anerkannt hat, ertheilt, so wird ihm die Formel der Vollziehbarkeit nach Art. 85 des Gesetzes beigesetzt.

Es wird ein Formular eines solchen Theilungsauszuges beigegeben werden.

In der Pfalz heißt ein solcher Auszug „Theilungszettel," „Looszettel."

Es besteht nemlich dort bei Erbschafts=Theilungen auf Grund der geltenden Civilgesetzgebung ein sehr unparteiisches Verfahren. Wenn die Erbmasse festgestellt ist, werden aus derselben so viele gleiche Theile — Loose — gebildet, als Erbbetheiligte vorhanden sind.

Jedem Loose wird nemlich ein dem Werthe nach gleicher Theil an Massabeständen, Liegenschaften, an Aktivforderungen, an Mobiliargegenständen u. s. w. zugetheilt.

Jedes Loos erhält eine Nummer.

Nun lassen die Erbberechtigten unter sich entscheiden, etwa indem sie mit dem jüngsten anfangend Hälmchen ziehen, in welcher Reihenfolge von ihnen die Looseziehung geschehen soll, und wenn dieses entschieden ist, wird aus irgend einem Gefäße oder aus einer Mütze, in welche zuvor so viele Zettel mit Nummern gebracht werden, als Erbberechtigte vorhanden sind, ein Loos nach dem anderen durch die Erbberechtigten in der zuvor festgestellten Reihenfolge herausgezogen, und dasjenige Loos, dessen Nummer jeder Erbberechtigte zieht, ist dann der ihm zufallende Erbtheil und wird ihm zugeschrieben.

Dieses Verfahren empfiehlt sich, soweit das geltende Civilgesetz nicht im Wege steht, in hohem Grade bei Verlassenschafts=Theilungen.

Art. 90 ist für sich klar.

Ebenso Art. 91. Es wird sich kein Notar ohne gewichtigen Grund weigern, eine Ausfertigung zu geben. Ist er aber im Zweifel, glaubt derselbe, daß einer der Gründe vorliege, wie sie oben bei Besprechung des Art. 85 angegeben sind, oder bezweifelt er, ob derjenige, welcher die Ausfertigung verlangt, als Betheiligter oder als Erbe oder Rechtsnachfolger des Betheiligten angesehen werden könne, — Art. 85 und Art. 93 — so mag er, um es nicht zur förmlichen Entscheidung durch den Direktor kommen zu lassen, diesem oder dem Staatsanwalte mündlich oder schriftlich seine Bedenken darlegen und sich die Mittheilung ihrer Ansicht erbitten.

Ein solches Auskunftsmittel ist vollkommen zulässig, — genügend, um den Notar gegen den Vorwurf oberflächlicher Handlungsweise zu schützen, und geeignet, den Betheiligten Weiterungen, Zeitverlust und Kosten zu ersparen.

In der Pfalz wird dasselbe in solchen und ähnlichen Fällen sehr häufig und zur Befriedigung aller dabei Betheiligten und dazu Mitwirkenden angewendet.

Die möglichste Vermeidung des steifen, formellen Geschäftsganges durch freundlichen Verkehr sollten sich alle Beamten zur Aufgabe machen zu ihrem eigenen und der Gerichtsbaren größtem Nutzen.

Zu Art. 92 ist vor Allem auf dasjenige hinzuweisen, was bei Art. 13 über die Vorlage der Urschriften an die Gerichte und bei Art. 82 über die Verantwortlichkeit der Notare als Bewahrer ihrer Urschriften gesagt ist.

Es kann der Fall eintreten, daß der Notar kraft eines richterlichen Beschlusses eine Urschrift als Vergleichsschrift zu einem Civilrechtsstreit, in welchem eine Unterschrift abgeleugnet wird, abgeben muß, oder kraft-Beschlusses eines Untersuchungsrichters zu einer Schriftvergleichung in einer Untersuchungssache wegen Urkundenfälschung.

In solchem Falle muß er nach Art. 92 als einstweiligen Ersatz der abgegebenen Urschrift vorher von der Urschrift eine Abschrift fertigen, welche nicht nur wortgetreu sein, sondern gewissermaßen ein Abbild der Urschrift enthalten muß.

Eine solche Abschrift, nach französischer Geschäftssprache copie collationnée, oder copie figurée genannt, die man deutsch am besten bezeichnend: „bildliche Abschrift" nennen könnte, muß ein möglichst treues Abbild der Urschrift, der Unterschriften auf derselben, des Platzes, wo diese auf der Urschrift stehen, der Eintheilung der Seiten, der Zeilen, Worte u. s. w. sein, sie muß möglichst treu alle Unregelmäßigkeiten, Zusätze, Ueberschreibungen, Einschaltungen, Rasuren, Ausstreichungen u. s. w., ob nun bezüglich derselben die Vorschriften der Art. 70, 71, 72 beobachtet sind oder nicht, gerade so und an demselben Platze enthalten, wie die Urschrift.

Bei Anfertigung derselben muß der Zweck im Auge behalten werden, daß diese Abschrift die Stelle der Urschrift vertreten soll, daß Alles, was an dieser irgend einmal von Bedeutung werden kann, auch in dieser Abschrift für die Zukunft aufbewahrt bleiben soll, daß sie daher der Urschrift möglichst gleichen soll, nicht blos im Inhalte, sondern auch in der äußeren Form, wie ein Ei dem anderen.

Der Notar hat diese Abschrift „als solche zu beglaubigen, was etwa in dieser Form geschehen mag:

„Gegenwärtige bildliche Abschrift ist in Gemäßheit des „Art. 92 des Notariatsgesetzes in Folge richterlichen Be= „schlusses des . . . . . (Gericht) vom . . . . . (Datum) „nicht nur mit der Urschrift gleichlautend, sondern auch „in der äußeren Form völlig gleich gefertigt worden. Schwandorf den . . . . .

Der k. Notar.

(Siegel.)   N. N.

Diese Abschrift wird sodann durch den Direktor des Be= zirksgerichts, dem der Wohnsitz des Notars angehört, beglaubigt.

Es wird dem Notare nicht beanstandet werden können, wenn er in einem solchen Falle wegen der Wichtigkeit der Sache, seine Urschrift nebst der Abschrift p e r s ö n l i ch dem Bezirksge= richts=Direktor vorlegt, mit diesem die Vergleichung der Ur= und Abschrift selbst bewerkstelligt und nach erfolgter Beglaubigung der Abschrift durch den Direktor diese mit zurücknimmt, nachdem er die Urschrift an das dieselbe verlangende Gericht abgegeben hat.

Die Beglaubigung des Direktors kann etwa so lauten:

„Die vorstehende bildliche Abschrift wurde durch den unter= „zeichneten Direktor des k. Bezirksgerichts N. N. mit der „durch den Notar N. N. von N. N. persönlich vorgeleg= „ten Urschrift verglichen und nach Inhalt und Form völlig „gleichlautend und gleich aussehend befunden. Regensburg den . . . . .

Der k. Bezirksgerichts=Direktor.

(Siegel.)   N. N.

Diese Abschrift legt der Notar an diejenige Stelle, wo die Urschrift in der Sammlung seiner Urschriften lag, und er kann von dieser Abschrift Ausfertigungen und beglaubigte Abschriften ertheilen, auf welchen er aber jedesmal die Beglaubigung des Bezirksgerichts=Direktors anzuführen hat.

Zu Art. 93 ist auf dasjenige zu verweisen, was bei Art. 85 und zu Art. 88, Abs. 2 bemerkt wurde.

Die Erlaubniß des Bezirksgerichts=Direktors hat in vor= kommenden Fällen nicht der Notar sondern derjenige zu erholen, welcher die Ausfertigung oder die Einsicht der Urschriften er= halten will.

Die folgenden Artikel, soweit sie noch den Wirkungskreis und die Geschäftsführung der Notare — Titel II. des Gesetzes — betreffen, bedürfen keiner Erläuterung, sie sind für sich selbst klar.

Ueber den die Belohnung der Notare und die Notariatstaxen behandelnden dritten Titel des Gesetzes liegt schon eine sehr reiche Literatur vor, welche den Notaren Anhaltspunkte genug gewährt.

Nur wird auf das hingewiesen, was in den bisherigen Bemerkungen da und dort als die erste und edelste aller Tugenden eines Notars hervorgehoben wurde, die Uneigennützigkeit.

Der sonst noch so ausgezeichnete Notar wird durch einen Makel der Zartheit in diesem Punkte, durch Bedenken, zu denen er rücksichtlich seiner Uneigennützigkeit Anlaß gibt, alsbald Achtung und Ruf und damit seine Praxis gemindert sehen.

Bezüglich des Formellen ist in diesem Titel der Art. 108 einer der wichtigsten, dessen pünktliche Beobachtung nicht genug empfohlen werden kann.

Die im Anhange enthaltenen Formulare von Urkunden und Ausfertigungen lassen die Art der Vollziehung dieses Artikels erkennen.

Da das Gesetz keine Frist bestimmt hat, in welcher der Betrag der Gebühren, Taxen u. s. w. auf die Urschrift und Ausfertigung zu setzen ist, so versteht es sich von selbst, daß sogleich nach Vollendung der Urschrift diese Beisetzung geschehen muß, und daß keine Ausfertigung aus der Hand des Notars gegeben werden darf, ohne daß der Betrag der Gebühren u. s. w. und die Nummern des Eintrags in das Tagregister und das Repertorium — Art. 77, Abs. 2 — darauf gesetzt sind.

Ebenso ist der Art. 17 der Gebührenordnung jedesmal genau zu beobachten, so oft ein Zeithonorar angerechnet wird.

Da die Gebührenordnung in diesem Artikel sagt: „in den Urkunden ist die zu dem Geschäfte verwendete Zeit vorzumerken," so ergibt sich, daß diese Vormerkung zwar am Schlusse des Textes der Urkunde, aber noch vor der Beurkundung des geschehenen Vorlesens und der Unterschriften geschehen muß — etwa mit den Worten: „Zeitverwendung sechs Stunden mit Einschluß zweistündiger Vorarbeiten für Durchsicht und Vergleichung der Erwerbsurkunden."

Der Art. 112, bezüglich deſſen zuvörderſt an das erinnert wird, was bei Art. 82 geſagt wurde, ſieht den Fall vor, wo der Notar gegen den Betheiligten, welcher ſich weigert die Ge= bühren zu bezahlen, etwa weil dieſelben zu hoch ſeien, Klage zu erheben genöthigt iſt.

Hierüber, d. i. über die Höhe des Gebührenanſatzes kann nur das Bezirksgericht, in deſſen Sprengel der Notar ſeinen Wohnſitz hat, entſcheiden, während die Klage auf Bezahlung in der Regel bei einem Stadt= oder Landgerichte anzubringen ſein wird.

Um nun einem ſolchen Einwande von vorneherein zu be= gegnen, wird der Notar gut thun, vor der Klageſtellung ſeine Gebühren durch das Bezirksgericht feſtſtellen zu laſſen.

Ueber den Art. 28 der Notariatsgebührenordnung dürften noch einige Worte am Platze ſein:

Dieſer Artikel beſtimmt, daß, wenn eine und dieſelbe Ur= kunde mehrere Rechtsgeſchäfte enthält, von dem Notare nur das verordnungsmäßige Honorar für e i n e s derſelben in Anſatz ge= bracht werden darf, die Wahl des in Anſatz zu bringenden Ho= norars aber dem Notare zuſteht.

Die Anwendung dieſes Artikels wird die Notare da und dort in Verlegenheit ſetzen, obgleich deſſen Faſſung manche zwei= felhafte Fragen zu beſeitigen geeignet iſt, welche rückſichtlich der Berechnung der Notariatsgebührenordnung in der Pfalz nicht ſelten entſtanden bei Nebenberedungen, welche mit einem Haupt= vertrage verbrieft wurden.

Der Notar wird nicht fehl gehen, wenn er bei Berechnung ſeines Honorars mit Beachtung des geltenden Civilrechtes und mit nüchterner Schärfe unterſucht, ob in der That in der Ur= kunde mehrere verſchiedene ſelbſtſtändige Rechtsgeſchäfte verbrieft ſind, die ihm die Wahl zwiſchen verſchiedenen höheren oder nie= deren Honoraren eröffnen, oder ob ein ſcheinbar verſchiedenes Rechtsgeſchäft bei näherer Betrachtung doch am Ende nichts an= deres iſt, als eine beſondere Modalität des anderen im Akte beurkundeten Geſchäftes, etwa nur eine beſondere Art der Zah= lung oder dergleichen.

So wird es ſich, um ein kleines Beiſpiel zu geben, ſehr fragen, ob, wenn ein Notar einen Vertrag über Ernährung eines unehelichen Kindes beurkundet, wobei der die Vaterschaft Anerkennende sich im Vertrage verpflichtet, die festgesetzte jähr= liche Ernährungssumme von 1000 fl. für die bereits verflossenen acht Lebensjahre des Kindes binnen ¼ Jahr an die Mutter zu bezahlen, dieser Notar das verhältnißmäßige Honorar eines Schuldbekenntnisses — Art. 2 der Gebührenordnung, — welches ihm ₁/₁₀ Prozent von 8000 fl. abwirft, wählen dürfe, oder ob er nicht vielmehr nur das Zeithonorar — Art. 13 der Gebührenordnung, — welches ihm vielleicht höchstens zwei Gul= den abwirft, ansetzen dürfe, weil das die Nachzahlung betreffende Schuldbekenntniß als solches kein selbstständiges Rechtsgeschäft ist, sondern blos ein Ausfluß des Hauptgegenstandes des Vertrages, der Anerkennung der Vaterschaft und übernommenen Ernährungs= pflicht, ein Theil des Vertrages, welcher für die Vergangenheit bestimmt, während der übrige Theil die Festsetzung für die Zu= kunft enthält.

Der Notar muß also in solchen Fällen sehr vorsichtig sein, um sich auch nicht einmal unabsichtlich den Vorwurf der Zuviel= forderung zuzuziehen.

Bei den beiden letzten Titeln des Gesetzes: Von der Aus= übung der Disciplinargewalt über die Notare und den Folgen der Verletzung des Notariatsgesetzes, muß der Leitfaden billig schließen, denn wer in den Fall dieser Titel und Artikel geräth, mag sich seinen eigenen Faden suchen, um sich wieder heraus= zufinden.

Nur der innige Wunsch mag hier seine Stelle finden, daß recht selten die Nothwendigkeit eintrete, von den Bestimmungen dieser beiden Titel Gebrauch zu machen. Dieser Wunsch wird in Erfüllung gehen, wenn die Notare den wohlgemeinten Rath befolgen, ihrem Eide in jeder Hinsicht treu, redlich und pünktlich das Interesse derer zu wahren, welche ihnen ihre Geschäfte an= vertrauen, dabei immer die Bestimmungen des Gesetzes fest im Auge zu behalten, und, weit mehr als die Gefahr der Disci= plinarahndung, die Gefahr zu fürchten, den Ruf des fleckenlosen untadelhaften Charakters zu verlieren.

Wer diesen Rath befolgt, hat weder die Disciplinargesetze noch die Staatsanwaltschaft zu fürchten.

Gerichte und Staatsanwaltschaft werden zwar mit aller

Sorgfalt darüber wachen müssen, daß das Notariatsgesetz gewissenhaft beobachtet werde, daß Gesetzesverletzungen und Mißbräuche ferne gehalten werden, die neue Einrichtung rein von Auswüchsen bleibe; aber die Notare allein sind es, welche es dahin zu bringen vermögen, daß die Vorurtheile beseitigt werden, welche dem Notariate noch hie und da begegnen, und daß diese Einrichtung den gerechten Erwartungen derjenigen entspreche, die ihren Werth kennen und Heil und Segen von ihr erwarten.

`Dazu möge jeder, der zu diesem schönen und lohnenden Amte berufen ist, sein redlich Theil beitragen!

Anhang.

(Einige Formulare enthaltend.)

Formular der Hinterlegungs-Urkunde über Erfüllung der Vorschrift des Art. 7 des Notar.-Gesetzes.

Num. 1. Geschäfts-Reg.

Heute den ersten Juni eintausend achthundert zwei und sechszig hat der unterzeichnete
Georg Hartmann k. Notar im Amtssitze
zu Schwandorf Bezirks Regensburg in der
Oberpfalz des Königreichs Bayern nach
seiner in der öffentlichen Sitzung des k. Bezirksgerichts zu Regensburg vom heutigen
Tage geschehenen Eidesleistung die von dem
. . . . . (Sekretär) N. N. des königlichen
Bezirksgerichts Regensburg empfangene Bescheinigung über diese Eidesleistung sowie
über die Abgabe von fünf und dreißig Exem-
plaren der Namensunterschrift und des Handzuges des unterzeichneten Notars in Gemäßheit des Artikel sieben des Notariatsgesetzes
vom zehnten November achtzehnhundert ein
und sechszig in der Sammlung seiner Urkunden hinterlegt, nachdem er die Bescheinigung gegen Veränderung mit seinem Hand-
zuge gezeichnet hatte. _____

Hierüber hat der unterzeichnete Notar
die gegenwärtige Urkunde errichtet, welcher
die angeführte Bescheinigung mit dem Amts-
siegel des Notars beigeheftet ist. _____

Ohne Kosten.

So geschehen in der Amtsstube des Notars am obenangeführten Tage und Orte
unterzeichnet

Hartmann
kgl. Notar.

7*

Auf die Bescheinigung, welche nach Art. 68 beizuheften ist, werden unter die Unterschrift des bezirksgerichtlichen Beamten die Worte gesetzt:

„Zu der Hinterlegungsurkunde Num-
„mer eins des Geschäftsregisters des
„Notars Georg Hartmann zu Schwan-
„dorf gehörig und gegen Veränderung
„mit der Unterschrift des Notars ge-
„zeichnet.

„Schwandorf den ersten Juli eintau-
„sendachthundert zwei und sechszig
unterzeichnet: Hartmann.

Hinterlegungs-Urkunde — nach Art. 22 des Gesetzes.

Geschäfts-Reg. Nro. 60. Vor Friedrich Herbert dem zu Amberg Bezirks gleichen Namens in der Oberpfalz des Königreichs Bayern wohnenden k. Notar erschienen heute den dritten August eintausend achthundert zwei und sechszig auf der Amtsstube des Notars:

1) Herr Joachim Fichter Gutsbesitzer wohnhaft zu Amberg Herrenstraße D. Nummer sechs ——————

2) Johann Scholler Bauer zu Altmanns-hof, Bezirksamts Amberg. ——————

Dieselben legten dem Notare einen zu Amberg den sechsten Mai eintausend acht-hundert und neun und fünfzig datirten mit dem Namen „Johann Scholler" unterzeich-neten Schuldschein, inhaltlich dessen Johann Scholler von Herrn Joachim Fichter an dem erwähnten sechsten Mai achtzehnhundert neun und fünfzig ein baares Darlehen von drei-hundert Gulden, verzinslich von dem besag-ten Tage an mit vier vom Hundert erhal-ten zu haben bekennt, zu dem Zwecke vor, um diesem Schuldscheine nach Artikel zwei und zwanzig des Notariatsgesetzes durch Hin-terlegung bei dem Notar die Eigenschaft einer Notariatsurkunde zu verleihen. ——————

Johann Scholler erkennt die Unterschrift unter dem vorgelegten Schuldscheine als seine eigene an. ——————

Der Schuldschein ist ganz auf eine einzige Seite des achten Theiles eines Bogens geschrieben und enthält in der dritten Zeile von oben eine Aenderung des Wortes „Quittung" in das Wort „Schuldschein" — sonst aber keine Ausstreichung noch Zusatz, Einschaltung oder dergleichen.

Dieser Schuldschein wurde von den beiden Erschienenen und dem Notar gegen Veränderung gezeichnet und hier beigefügt.

Hierüber wurde, mit Zeitverwendung von einer halben Stunde, die gegenwärtige Urkunde errichtet, welche den beiden Erschienenen von dem Notar vorgelesen und sodann von ihnen und dem Notar unterzeichnet wurde.

Joachim Fichter, Johann Scholler.

Herbert, k. Notar.

Taxe-Reg. Nro. 60.
Taxe: 2 fl. 30 kr. Art. 24 der Tax-Ordnung
Gebühr: 1 fl. — kr. Art. 2. 32. Geb.-Ordnung
Stempel: — fl. 30⅓ kr.
_____
4 fl. — kr. 2 pf.
sage vier Gulden zwei Pfennige.

Auf den Schuldschein ist zu setzen:

Zur Hinterlegungsurkunde des Notars Herbert vom heutigen Tage gehörig und gegen Veränderung mit der Unterschrift der Hinterlegenden und des Notars gezeichnet.

Amberg den dritten August eintausend achthundert zwei und sechszig.

Joachim Fichter, Johann Scholler.

Herbert, k. Notar.

Bei der Anheftung der hinterlegten Urkunde muß die Vorschrift des Art. 68 des Gesetzes befolgt werden.

Die Angabe der Zeitverwendung hätte auch weggelassen werden können, weil der Notar in Gemäßheit des Art. 32 der Gebührenordnung die verhältnißmäßige Gebühr des Art. 2 ansetzen durfte und die Zeitverwendung ohnehin nicht die niederste Dauer nach Art. 14 der Gebührenordnung überschritt. —

Urkunde nach Art. 51 des Gesetzes, auf Zuweisung durch das Gericht.

Nachlaß-Aufstellung und Theilung.

1.

Hbt.

Num. 50 des Gesch.-Reg.

Im Jahre eintausend achthundert und zwei und sechszig den fünften September des Morgens neun Uhr erschien vor Friedrich Herbert kgl. Notar im Amtsfitze zu Cham Bezirks Neunburg v.jW. im Regierungsbezirke der Oberpfalz und von Regensburg im Königreich Bayern ___

Der ledige Gütler Joseph Schwandtner, der ältere von Berching, Bezirksamts Cham, Erbe zu einem Drittheil des Johann Schwendtner verstorbenen Gütlers zu Berching — seines Vaters, inhaltlich des vor dem amtirenden Notare am zwanzigsten Juli laufenden Jahres und an den darauffolgenden Tagen aufgenommenen Inventares, und erklärte: ___

Durch Beschluß des königlichen Landgerichts Cham vom zwanzigsten Juli laufenden Jahres in der Verlassenschaftssache seines obengenannten Vaters Johann Schwendtner sei die Verhandlung über die Aufstellung und Theilung des Nachlasses seines Vaters dem amtirenden Notare übertragen worden, und er habe deshalb ___

1) seinen Bruder Balthasar Schwendtner Bauern zu Mintraching Bezirksamts Regensburg ___

2) den Johann Bucher Bauer zu Berching Bezirksamts Cham als Vormund der minderjährigen Kunigunda Pflaum Tochter des verstorbenen Johann Pflaum Gütlers in Berching erzeugt in seiner Ehe mit der gleichfalls verstorbenen Gertraud Schwendtner — einer Tochter des Erblassers ___

diese beiden unter eins und zwei bezeichneten Personen als Erben zu je einem Drittheil an dem Nachlasse des obenbezeichneten Johann Schwendtner, auf den heutigen Tag zur angegebenen Stunde vor den amtirenden Notar mitgebracht, um mit ihnen

Hbt.

zur Aufstellung der Nachlaßmasse und sodann zur Theilung derselben zu schreiten, und ersuche nun den Notar diese Verhandlung vorzunehmen. _____

Zugleich waren auch erschienen, die beiden vorhin bezeichneten Personen _____

1) Balthasar Schwendtner wie oben bezeichnet

2) Johann Bucher in seiner vorhin angegebenen Eigenschaft als Vormund der minderjährigen Kunigunda Pflaum, _____

beide Erschienenen dem Notar von Person wohl bekannt _____

und erklärten: daß sie gegen die Vornahme der Aufstellung und Theilung der Nachlaßmasse ihres Vaters beziehungsweise des Großvaters der ihre Mutter Gertraud Schwendtner repräsentirenden Kunigunda Pflaum nichts einzuwenden hätten. _____

Demgemäß schritt der Notar in Gegenwart der genannten Betheiligten zu der fraglichen Verhandlung wie folgt: _____

u. f. w.

Formular einer Bekanntmachung zu Art. 52.

Theilungs-Versteigerung:

Mittwoch den fünfzehnten Oktober nächst-
hin, Nachmittag vier Uhr, zu Raigering
im Schulzimmer des katholischen Schulhauses, wird vor dem gerichtlich beauftragten
königlichen Notar Joseph Klee mit
dem Amtssitze zu Amberg in Folge
Beschlusses des königlichen Stadt- und
Landgerichts Amberg vom zehnten September
laufenden Jahres, der Abtheilung wegen zu Eigenthum versteigert:

ein halbes Tagwerk Acker auf der Gäng-
wies Bann von Raigering, in zwei Stücken
Steuerdistrikt Neusang, Katasterfolium fünfzehn.

Die Versteigerung geschieht auf Antrag
der Kinder und Erben der zu Raigering
verstorbenen Eheleute Ludwig Henkel, im
Leben Schullehrer und dessen gleichfalls
verstorbenen Ehefrau Maria Anna gebornen
Pfeufer, — als:

I. der Erben des verstorbenen Sohnes
Christian Ludwig Henkel, gewesenen Schul-
lehrers in Niederkirchen, nämlich:

a) dessen Wittwe zweiter Ehe Caroline
Braun, ohne Gewerbe in Niederkirchen
wohnhaft, als Vermächtnißnehmerin am
Vermögen ihres Ehemannes.

b) dessen Kinder aus erster Ehe mit
der vorstorbenen Christine Weinlauf:

1) Ludwig Henkel Lehrer in Feldkirchen,
2) Jakob Korb, minderjährig Sohn
und Vertreter seiner verstorbenen Mutter
Eva Henkel gewesene Ehefrau von Johann
Korb Schuhmacher in Niederkirchen, vertreten durch seinen Vormund Joseph Kling
kath. Schullehrer in Niederkirchen.

II. Der Anna Maria Henkel Ehefrau
von Friedrich Krebs Zollschutzwächter zu
Zwiesel in Niederbayern.

III. Des Georg Henkel Blechschmid in
München wohnhaft.

Amberg den 1. Oktober 1862.

J. Klee, k. Notar.

—

Formular einer Versteigerung Art. 52, — mit sofortiger Cession des Steigpreises. 1
Sr.

Num. 50 des Gesch.-Reg.   Heute den neun und zwanzigsten März
eintausend achthundert drei und sechszig zu
Obrigheim Bezirksamts Eschenbach in Oberfranken des Königreichs Bayern, und daselbst im oberen Schulzimmer des protestan-
tischen Schulhauses in Gegenwart der unten
genannten Zeugen, auf Antrag und in Gegenwart von Theobald Sauer, Bauer wohnhaft zu Obrigheim, handelnd in seiner Ei-
schaft als Vormund von Christoph Schmahl,
ohne Gewerb zu Obrigheim wohnhaft, min-
derjährigem Sohn der zu Obrigheim verstorbenen Eheleute Franz Schmahl im Leben
Bauer daselbst, und dessen verstorbenen Ehefrau Anna gebornen Harting, wurde durch
Jakob Serr königlichen Notar im
Amtssitze zu Winterborn Bezirksamts Wunsiedel in Gemäßheit eines in der
Nachlaßsache des Franz Schmahl von Obrigheim ergangenen Beschlusses des königlichen Landgerichts Wunsiedel vom zehnten
Februar eintausend achthundert drei und
sechszig zur Versteigerung der nachbezeichneten
auf dem Banne von Obrigheim gelegenen
Güterstücke geschritten, nachdem diese Versteigerung in dem von dem k. Bezirksgerichte
Bayreuth für diese Bekanntmachungen bezeichneten Wunsiedeler Tagblatte vom ersten
März laufenden Jahres Nummer ein und
sechszig gehörig bekannt gemacht worden
war, und zwar unter folgenden Bedingungen : _____ _____
   1) Für das angegebene Flächenmaß der
Liegenschaften wird keine Gewährschaft ge-
leistet. _____ _____
   2) Die bis zu dem ersten Oktober laufenden Jahres fälligen auf den Liegenschaften
Sr. *)

---

*) Die zwei Striche unter der Silbe Sr. bedeuten einen runden Zug um
die Silbe herum, der sich im Drucke nicht darstellen läßt; ebenso auf
Seite 23 unter den Silben Bmn. oder Bam.

lastenden Staats- und Ortsabgaben werden durch den versteigernden Eigenthümer bezahlt.

3) Der Steigpreis ist zahlbar in drei Theilen auf die drei nächsten Martinitage des gegenwärtigen Jahres und der beiden darauf folgenden Jahre jedesmal mit vierprocentigen von heute an bis zum Tage des Verfalles fälligen Zinsen.

4) Auf Verlangen hat jeder Steigerer einen Solidarbürgen sogleich bei dem Zuschlage zu stellen.

Der obenerwähnte Beschluß des k. Landgerichts Wunsiedel, so wie das betreffende Blatt des Wunsiedler Tagblattes welches die Bekanntmachung enthält, sind der gegenwärtigen Versteigerungsurkunde beigeheftet.

Nach Vorlesung dieses Vorstehenden wurde ausgeboten und nach dreimaligem Mehrgebote an den jedesmaligen Meistbietenden zugeschlagen:

1) fünf und zwanzig Dezimalen Acker am Grübelnußbaum Plan Nummer fünfzehn, Steuer-Distrikt Redwitz, Katasterfolium drei zwischen Peter Seiter und David Job liegend, dem

Jakob Günther Bauer in Obrigheim für . . . . 250 fl.

sage zweihundert fünfzig Gulden.

2) zehn Dezimalen Wiese, im Lohgraben Plan Nummer fünfzehn, Steuerdistrikt Redwitz, Katasterfolium drei zwischen Johann Axthalb und David Job liegend, dem

Friedrich Renner Taglöhner in Obrigheim für . . . . 40 fl.

sage vierzig Gulden.

Diese Steigpreise, betragend zusammen . . . . 290 fl.

sage zweihundert und neunzig Gulden werden hiemit durch Theobald Sauer, den Versteigerer, in seiner obenbezeichneten Eigenschaft cedirt an den miterschienenen und diese Abtretung annehmenden Herrn Heinrich Volmar Gutsbesitzer zu Wunsiedel wohn-

Er.

2
Sr.

haft, um den Cessionspreis von zweihundert achtzig Gulden, welche so eben durch den Herrn Cessionar an den benannten Theobald Sauer als Vormund baar und richtig bezahlt worden sind und worüber dieser hiemit Quittung leistet.

Die beiden Steigerer nehmen diese Cession hiemit gleichfalls an und verpflichten sich ihre oben beurkundete Steigpreisschuld in der Weise, wie sie nach den festgesetzten Bedingungen dazu verpflichtet sind, an Niemanden als an den genannten Herrn Cessionar zu bezahlen.

Der cedirende Theobald Sauer leistet in seiner angegebenen Eigenschaft und kraft der in obenangeführtem Beschlusse des Landgerichts Wunsiedel als Vormundschaftsgerichtes ertheilten Ermächtigung zur Cession und Gewährschaftsleistung, Gewähr für die gegenwärtige und zukünftige Zahlfähigkeit der Steigerer, und hat die Kosten der Cession zu tragen.

Num. des Tax-Reg. 40.
Kosten.
a. Bekanntmachung
 Geb. des Not. . .
 Art. der Geb.-Ordg.
 Wunsiedler Tagblatt .
 Postporto . . . .
b. Versteigerung
 Geb. des Not. . .
 Art. der Geb.-Ordg.
 Ausrufer Art. . . .
 Zeugen Art. . . .
 Stempel . . . . .
zusammen . . . . .
 mit Worten

Geschehen am Tage und Orte wie im Eingange erwähnt ist in Gegenwart von Valentin Seiter Bauer und Ortsvorsteher und Franz Adam Kopf Webermeister, Beide in Obrigheim wohnhaft, Zeugen, welche nachdem diese Urkunde in ihrer Gegenwart allen Betheiligten vorgelesen worden war, dieselbe mit den Betheiligten und dem amtirenden Notar unterschrieben haben mit Ausnahme des Steigerers Friedrich Renner, welcher erklärte des Schreibens unkundig zu sein.

unterz. Theobald Sauer. Jakob Günther.
Heinrich Vollmar.
J. Serr, k. Notar.

Formular eines Steigbriefes, welcher dem Ansteigerer einer Liegenschaft als Erwerbsurkunde ertheilt wird.

Steigbrief
für
Johann Günther den jungen,
Bauer zu Otterbach wohnhaft.

Geschäfts-Reg. Num. 101.   Zufolge einer durch den unterzeichneten Carl Schneider, Königlich bayerischen Notar im Amtssitze zu Parsberg Bezirksgerichts Amberg im Regierungsbezirke der Oberpfalz und von Regensburg am sechsten September ein tausend achthundert zwei und sechszig in der Gemeinde Otterbach auf Antrag von Johann Weiß Bauer und dessen Ehefrau Katharina gebornen Berger, Beide zu Otterbach wohnhaft, abgehaltenen Versteigerung von Liegenschaften wurde dem **Johann Günther dem jungen**, Bauern zu Otterbach wohnhaft, nachbezeichnetes auf dem Banne der Gemeinde Otterbach gelegenes Grundstück als Meistbietendem zugeschlagen:

Nummer sechs: zwanzig Dezimalen Acker in der Leimgrube Plan Nummer zehn, Steuerdistrikt Otterbach. Katasterfolium vier zwischen Johann Fürnrohr und Kunz Artmann liegend um einhundert und fünfzig Gulden Steigpreis ————————————

und zwar unter folgenden Bedingungen:

1) Die Güter wurden als frei von Hypotheken und Privilegien mit allen Aktiv- und Passiv-Dienstbarkeiten versteigert. ———

2) Dieselben wurden nach ihrer gegenwärtigen Lage und Benennung ohne Gewährleistung für das angegebene Flächenmaß versteigert. ————————

3) Besitz und Genuß beginnt vom Tage der Versteigerung an unter der Verbindlichkeit auch von diesem Tage an Steuern und Staats- und Ortsabgaben jeder Art zu entrichten. ————————

4) Der Steigpreis muß in vier gleichen Fristen und Theilen an den vier nächsten Martinitagen mit Zinsen vom sechsten Sep-

Schr.

tember laufenden Jahres an zu vier vom
hundert, die vom jeweilig im Rest bleibenden Capitalsbetrage zu rechnen sind, in gu-
tem gangbarem Silbergelde bezahlt werden.

5) Die Zahlung geschieht an Carl Friedrich Horn Bauern zu Freinheim Bezirksamts Velburg, welcher zur Einhebung der
Steigpreise inhaltlich der bei dem unterzeichneten Notare am zehnten September eintausend achthundert zwei und sechzig errichteten und in der Urkundensammlung des
unterzeichneten Notars aufbewahrten Vollmacht Nummer zweihundert des Geschäfts-
Registers von diesem Jahre, beauftragt ist.

6) Steigerer zahlen zur Bestreitung der
Versteigerungskosten nach Verhältniß ihres
Steigpreises und erhalten bei Bezahlung
der Kosten ihren Steigbrief.

Für diesen am ersten Oktober
eintausend achthundert zwei und sechszig
gegebenen Auszug
Der königliche Notar
C. Schneider.

Kosten. Tax-Reg. Nr. 200
Betrag der Gesammtver-
steigerungskosten vierzig
Gulden.
¹⁄₁₀ diesem Steigerer 4 fl.
Kosten des Auszuges
Taxe . . . . . .
Gebühr . . . . . .
Stempel . . . . . .
zusammen . . . .
mit Worten:
Diese Kosten erhalten
Schneider, k. Notar.

Damit die Besitzer eines solchen Steigbriefes oder anderer Auszüge, Ausfertigungen dieselben besser gegen Beschmutzung und
Zerreißung schützen können, lassen die Notare dieselben in einen mehr oder minder
mit Einfassungen verzierten Umschlag aus
buntem Papier einheften, auf dessen Außen-
seite geschrieben ist, was der Umschlag enthält, der Name des Notars aber gedruckt
ist, etwa so:

(Nro. 260)
Steigbrief
für
Johann Günther den jungen,
Bauern in Otterbach.
Urkunde des k. Notar
Carl Schneider in Parsberg
vom . . . . . (Datum)
diese letzten Worte von „Urkunde“ bis zum
Worte: „vom“ werden auf vorräthig ge-
fertigten Umschlagbogen gedruckt.

Formulare zu Testamenten — Art. 60

a) ein in der Wohnung des Notars aufgenommenes:

Vor Carl Frick königlichem No=
tar im Amtssitze zu Nürnberg Be=
zirks Nürnberg in dem Regierungsbezirke
Mittelfranken des Königreichs Bayern und
in Gegenwart der beiden zugezogenen Zeu=
gen Wilhelm Oberndorfer Goldschmied wohn=
haft in Nürnberg Binderstraße Nummer
siebenzig und — Julius Becker Uhrmacher
wohnhaft in Nürnberg Heumarkt Nummer
fünfzehn. _____

erschien heute den zehnten Oktober eintau=
send achthundert zwei und sechszig um drei
Uhr des Nachmittags in der Amtsstube des
Notars der Kaufmann Friedrich Winkler
wohnhaft zu Nürnberg in der Kaiserstraße
Hausnummer dreißig, welcher körperlich ge=
sund aussehend und, wie aus einem von
dem Notar mit ihm gehaltenen Gespräche
hervorging, auch im vollen Besitze geistiger
Gesundheit sich befindend, dem Notare seinen
letzten Willen in Gegenwart der obenge=
nannten Zeugen mündlich dahin erklärte:

Ich setze hiemit zum Erben meines
ganzen Vermögens sowohl des beweglichen
als des unbeweglichen den Färber Friedrich
Grundner ein, welcher zu Lauf bei Nürn=
berg wohnhaft und ein Sohn meiner ver=
storbenen Schwester Amalie Winkler im Le=
ben Ehefrau des nun gleichfalls verstorbe=
nen Carl Grundner Färbers in Lauf, ist.
Derselbe soll die folgenden Vermächtnisse
alsbald nach der Erbschaftsantretung ent=
richten: _____

(folgen nun die Vermächtnisse.)

Diese von dem Friedrich Winkler in
Gegenwart der beiden Zeugen dem Notar
mündlich gegebene Erklärung wurde von
diesem wörtlich niedergeschrieben, von dem
Notare selbst dem Friedrich Winkler in Ge=
genwart der beiden Zeugen, in deren Ge=
genwart überhaupt die ganze Verhandlung
vorgenommen wurde, vorgelesen und sodann

Fr.

Nummer des Geschäfts=
Registers 130.
Nummer des Tax=Re=
gisters 110.
Kosten:
Taxe: - fl. 36 kr. (Art. 106
Abs. 3.)
Gebühr: 6 fl. (Art. 9.)
Zeugengebühr — fl. 36 kr.
(Art. 26)
zusammen 7 fl. 12 kr. mit
Worten sieben Gulden
zwölf Kreuzer.

von dem Friedrich Winkler, den beiden Zeu-
gen und dem Notare unterzeichnet. ‗‗‗‗‗
Friedrich Winkler. Wilhelm Oberndorfer.
Julius Becker.
C. Frick, k. Notar.

b) ein in der Wohnung des Testators aufgenommenes:

Heute den dreißigsten Oktober eintausend achthundert zwei und sechszig hat sich
auf das von Carl Meißner Blechschmied in
Mögeldorf gestellte Verlangen der unterzeichnete königliche Notar Friedrich
Baumann aus seinem Amtssitze zu Nürnberg in Mittelfranken des Königreichs Bayern hieher nach Mögeldorf Bezirksamtes
Nürnberg begeben, um die letztwillige Verfügung des Conrad Becker Weber in Mögeldorf aufzunehmen. ‗‗‗‗‗

Um ein Uhr des Nachmittags in der
Wohnung des Testators zu Mögeldorf Haus-
Nummer sechszehn angekommen fand der
Notar in einem im zweiten Stocke dieses
Hauses befindlichen für den die Treppe
Hinaufsteigenden rechts von der Treppe
mit den Fenstern nach der Straße zu gelegenen Zimmer, den zu Bette liegenden Conrad Becker, Webermeister zu Mögeldorf
wohnhaft, welcher ihm als solcher durch die
beiden dem Notar von Person wohlbekann-
ten Auskunftspersonen, den Schneidermei-
ster Heinrich Speckner von Mögeldorf und
den Schuhmachermeister Hermann Rottner
von da bezeichnet wurde, — was von den
beiden Auskunftspersonen, und dem Blechschmied Carl Meißner, nachdem diese Beurkundung ihrer Erklärungen ihnen und dem
Conrad Becker in Gegenwart der untenge-
nannten beiden Zeugen vorgelesen worden
war, durch Beisetzung ihrer Unterschrift be-
scheinigt wird.

(Unterschriften) Heinrich Speckner. Hermann Rottner. Carl Meißner.

Nach Entfernung dieser beiden Auskunftspersonen und des Carl Meißner ver-
schaffte sich der Notar durch eine mit Con-
Bmn.

rab Becker gepflogen Unterredung, die Ue-berzeugung, daß dieser, wenn auch kör-perlich krank, doch im Besitze seiner vollen Geisteskraft ist, und schrieb nun den letzten Willen des Conrad Becker, welchen dieser dem Notar mündlich erklärte, wortgetreu nieder wie folgt: ———

Ich will, daß nach meinem Tode u. s. w. . . . .

Ich widerrufe alle letztwillige Verfü-gungen, die ich vor der gegenwärtigen ge-troffen hatte, und will, daß diese gegenwär-tige allein als mein letzter Wille Geltung haben soll. ———

Nummer des Geschäfts-Registers 75.

Nummer des Tax-Regi-sters 56.

Kosten:

Taxe — fl. 36 kr. (Art. 106 Abs. 3.)

Gebühr des Notars 5 fl. Art. 9.

Die beiden Auskunftsper-sonen — fl. 36 kr. Art. 25

Die beiden Zeugen — fl. 36 kr. Art. 25.

Reise:

a) Gebühr . . . Art. 20.

b) Auslage für Gefährt

Summa . . .

mit Worten

Diese ganze Verhandlung wurde von Anfang bis zu Ende vorgenommen in Ge-genwart der beiden Zeugen Wilhelm Diet-rich Gärtner und Johann Schlachter Tag-löhner beide in Mögeldorf wohnhaft, in deren Gegenwart dann auch der Notar diese Urkunde dem Conrad Becker vorgelesen hat, worauf dieselbe von den beiden Zeugen und dem Notar unterzeichnet wurde, während der Testator Conrad Becker erklärte, daß zwar Alles ganz der Wahrheit entsprechend niedergeschrieben sei, daß er aber außer Stand sei es zu unterschreiben, weil er nicht Kraft genug besitze um die Feder zu halten.

Wilhelm Dietrich, Johann Schlachter.

Baumann, k. Notar.

Formular zu Art. 61.

Vor Eduard Hastreiter königlichem Notar im Amtssitze zu Kastl Bezirks Amberg im Regierungsbezirke der Oberpfalz und von Regensburg des Königreichs Bayern in dessen Amtsstube erscheint heute den dritten Oktober eintausend achthundert zwei und sechszig des Nachmittags vier Uhr in Gegenwart der zugezogenen beiden Zeugen Friedrich Kämmerer Barbier, und Carl Hausmann Schuhmacher, Beide zu Kastl wohnhaft, der dem Notar von Person bekannte Heinrich Decker Fuhrmann zu Kastl wohnhaft. _____

Heinrich Decker in Person übergibt dem Notar ein in Briefform zusammengelegtes mit einem schwarzen Band in Kreuzesform zusammengebundenes und an zwei Stellen, wo das Band gebunden ist, mit schwarzem Siegelwachs zugesiegeltes Papier, mit der mündlichen Erklärung, daß in diesem Papierverschlusse seine — des Heinrich Decker — letztwillige Verfügung enthalten sei, welche er selbst eigenhändig geschrieben und unterschrieben habe. _____

Der Notar übernahm den ihm übergebenen Papierverschluß und bestätigte, ohne ihn wieder aus der Hand gelegt zu haben, auf demselben durch seine eigene, durch des Heinrich Decker und der beiden Zeugen Unterschrift, unter Beidrückung seines Notariatssiegels, daß Heinrich Decker das in dem Papier-Verschlusse Enthaltene als seine letztwillige Verfügung erklärt hat. _____

Ueber diese Verhandlung, welche von Anfang bis zu Ende in Gegenwart der beiden oben genannten Zeugen vorgenommen wurde, hat der Notar die gegenwärtige Urkunde errichtet, diese selbst dem Heinrich Decker in Gegenwart der beiden Zeugen vorgelesen, worauf dieselbe von Heinrich Decker, den beiden Zeugen und dem Notar unterschrieben wurde.

Heinrich Decker. Friedrich Kämmerer. Carl Hausmann. Hastreiter, k. Notar.

Nummer 36 des Gesch.-Registers.
Nummer 30 des Tax-Registers.
Taxe — fl. 36 kr. Art. 106 Abs. 3.
Gebühr 2 fl. — kr. Art. 10.
Den beiden Zeugen 36 kr. Art. 26.
zusammen 3 fl. 12 kr. mit Worten drei Gulden zwölf Kreuzer.

Auf den Papierverschluß wird gesetzt:
Dieser Papierverschluß wurde inhaltlich
der von Notar Eduard Haftreiter am drit=
ten Oktober eintausend achthundert zwei und
sechszig in Gegenwart von Friedrich Käm=
merer Barbier und Carl Hausmann Schuh=
macher beide zu Kaftl wohnhaft aufgenom=
menen Urkunde dem Notar durch Heinrich
Decker Fuhrmann in Kaftl mit der Erklä=
rung übergeben, daß in diesem Papierver=
schluße seine des Heinrich Decker letztwillige
Verfügung enthalten sei, und wurde zu Ur=
kunde deffen gegenwärtige Erklärung von
Heinrich Decker, den beiden Zeugen und dem
Notar durch Unterschrift und Beidrückung
des Notariatsfiegels beftätigt.
unterz. Heinrich Decker. Friedrich Kämmerer.
Carl Hausmann.
Haftreiter, f. Notar.

Es verfteht fich von felbft, daß das
Notariatsfiegel in folcher Art auf das den
Papierverschluß zusammenhaltende Band ge=
drückt werde, daß dieses nicht geöffnet wer=
den kann, und daß, wenn Band oder Sie=
gel des Disponenten fo mangelhaft ange=
bracht find, daß keine hinreichende Gewähr
gegen mögliche Oeffnung des Verschluffes
befteht, das Verfahren des Art. 61, Abf. 3
beobachtet werden muß.

Formular für die Fälle der Art. 71 und 72.

a) Zusätze:

Vor Georg Heller dem zu Amberg Bezirks gleichen Namens in dem Regierungsbezirke der Oberpfalz und von Regensburg im Königreiche Bayern wohnenden königlichen Notare auf dessen Amtsstube erschien Anton Blank Feldmesser zu Sulzbach wohnhaft in eigenem Namen und als Bevollmächtigter seiner Ehefrau Amalie

[einem durch den amtirenden ....

Dieser Zusatz von vier Worten wird genehmigt und auf Vorlesen unterschrieben.
Anton Blank. Moriz Blumenschein. Peter Dietrich. Philippine Dietrich. Friedrich Wallner. Jakob Schwenk.
Heller, k. Notar.

Schimpf gemäß der in [Notar am sechs und zwanzigsten November vorigen Jahres aufgenommenen Rechnungsabschluß enthaltenen Vollmacht und erklärte: er cedire hiedurch unter Gewährleistung für die Rechtmäßigkeit der Forderung an den anwesenden Moritz Blumenschein Handelsmann dahier wohnhaft eine Forderung von vierhundert Gulden, welche seine Ehefrau auf den Grund einer durch den Notar Erdmann dahier am sieben und zwanzigsten Januar achtzehnhundert acht und vierzig gefertigten Schuldurkunde an Peter Dietrich Bauern zu Oberndorf Bezirksamts Burglengenfeld und dessen Ehefrau Philippine — geborene Kormann als solidarische Schuldner anzusprechen habe. — Diese Cession geschieht gegen einen Nachlaß von vier vom Hundert also um den Cessionspreis von dreihundert achtzig vier Gulden, welchen der Cedent Blank so eben von Moriz Blumenschein baar erhalten zu haben bekennt und wofür er diesen in alle Klags- und Unterpfandrechte gegen den Schuldner hiemit einsetzt, unter Einhändigung der vollziehbaren Ausfertigung der vor Notar Erdmann errichteten Schuldurkunde. _____

Zugleich war der Schuldner Peter Dietrich und dessen Ehefrau Philippine geborene Kormann erschienen und erklärten: sie nehmen die Cession als ihnen verkündiget an und verbinden sich das cedirte Kapital mit vierhundert Gulden nunmehr an den Moriz Blumenschein Handelsmann dahier nach einer Hälf.

8*

vierteljährigen jedem Theile freistehenden
Aufkündigung zu bezahlen | und die Zah-
lungen in gangbarem Silbergelde hier in
Amberg an den Cessionar zu leisten. ....

Worüber gegenwärtige Urkunde aufgenommen wurde zu Amberg den zehnten
Februar achtzehnhundert drei und sechzig
in Gegenwart der Zeugen Friedrich Wallner Schuhmacher und Jakob Schwenk Ger-
ber beide zu Amberg wohnend, in deren
Gegenwart die Urkunde auch vorgelesen
wurde und welche als Zeugen mit den Vertragsbetheiligten unterschrieben haben.

| Zur zwölften Zeile von unten wird ein
Zusatz gemacht nach den Worten „zu bezahlen", welcher wie folgt lautet: bis zur
Abtragung aber gehörig mit vier vom Hundert von heute an zu verzinsen im Ver-
säumnißfalle Verzugszinsen zu entrichten.

Dieser Zusatz von neunzehn Worten
wird auf Vorlesen in Gegenwart der Zeugen, von den Vertragsbetheiligten ausdrücklich genehmigt und von diesen, dann den
Zeugen und dem Notare gleichfalls mit unterschrieben

Anton Blank. Moriz Blumenschein.
Peter Dietrich. Philippine Dietrich.
Friedrich Wallner. Jakob Schwenk.
Heller, k. Notar.

Nummer 162 des Gesch.-
Registers.
Nummer 150 des Tax-
Registers.
Kosten:
Taxe . . . . . .
Gebühr des Notar. .
Gebühr der Zeugen .
Stempel . . . . .
zusammen :
mit Worten.

b) Ausstreichungen:

Vor **Hermann Gasser**, königlichem Notar im Amtssitze zu Burglengenfeld, Bezirks Regensburg im Regierungsbezirke der Oberpfalz und von Regensburg Königreichs Bayern auf dessen Amtsstube erschien heute den zehnten Oktober achtzehnhundert und zwei und sechszig der Kaufmann Carl Guth zu Otterbach, Bezirksamts Burglengenfeld wohnhaft und erklärte: er sei an den unterschienenen Gutsbesitzer Friedrich Neumüller wohnhaft zu Schwandorf eine Summe von zweihundert Gulden schuldig geworden, welche er so eben baar als Darlehen erhalten habe, und die er sich verpflichte, nach einer beiden Theilen freistehenden vierteljährigen Aufkündigung wieder zurückzuzahlen, aber nicht zu verzinsen, *) bis dahin aber von heute an mit vier vom hundert jährlich zu verzinsen, von den verfallenen Jahreszinsen Verzugszinsen zu entrichten und jede Zahlung in gangbarem Silbergelde zu Burglengenfeld Schwandorf zu leisten. ———— Worüber Urkunde ———— aufgenommen am Tage und Orte wie angegeben in Gegenwart der Zeugen Caspar Neuthor Taglöhner in Burglengenfeld und Michael Dick Bauer in Otterbach wohnhaft, in deren Gegenwart diese Urkunde den Betheiligten vorgelesen wurde und welche mit den Betheiligten und dem Notar die Urkunde unterschrieben unter ausdrücklicher Genehmigung der Ausstreichung des Wortes „Burglengenfeld" in der zwei und zwanzigsten Zeile von oben.

Carl Guth. Friedrich Neumüller. Caspar Neuthor. Michael Dick.

Hermann Gasser, k. Notar.

(Randbemerkungen:)

Die Streichung der vier Worte „aber nicht zu verzinsen" — wird genehmigt und auf Vorlesen unterschrieben:
Carl Guth. Friedrich Neumüller. Caspar Neuthor. Michael Dick.
Hermann Gasser, k Notar.

Gesch.-Register Nro. 54.
Tax-Register Nro. 42.
Kosten:
Taxe . . . . Art. . .
Gebühr des Notar. . Art.
der Zeugen. . Art.
Stempel. . .
zusammen . . mit
Worten.

---

*) Die doppelt unterstrichenen Worte sind als durchstrichene aber noch leserliche anzusehen, was sich im Drucke nicht darstellen läßt.

Formular zu Artikel 74.

Abschrift einer zur Empfangnahme einer Schuldzahlung ausgestellten Vollmacht, wie sie dem Vollmachtgeber behändiget werden kann zur Absendung nach Frankreich.

Pardevant George Keller, soussigné Notaire royal à la résidence de Munic, province Bavière supérieure, royaume de Bavière, est comparu Mr. Joseph Dumont demeurant à Paris en ce moment Secrétaire de Son Excéllence Monsieur l'ambassadeur de Sa Majesté l'empereur des Français à Munic, lequel fait et constitue son Mandataire spécial: Monsieur Armand Volney jurisconsulte à Marseille, auquel il donne pouvoir de, pour lui et en son nom, recevoir de M. Justin Solier, professeur de Musique demeurant à Marseille, place d'Angoulème Nº huit, ou de tous autres payant en son libération, la somme de cent francs, due au constituant par M. Solier, sous le cautionnement solidaire de M. Gédéon Laborde négociant à Marseille aux termes d'une obligation

Vor dem unterzeichneten Georg Keller, k. Notar im Amtssitze zu München Regierungsbezirk von Oberbayern des Königreichs Bayern ist erschienen Herr Joseph Dumont wohnhaft zu Paris dermalen Secretär bei Sr. Excellenz dem Herrn Gesandten Seiner Majestät des Kaisers der Franzosen, in München, welcher als seinen Spezialbevollmächtigten aufstellt und bevollmächtigt Hrn. Armand Volney Rechtsgelehrten zu Marseille, dem er hiemit Vollmacht ertheilt, für ihn den Vollmachtgeber und in dessen Namen, einzunehmen von Herrn Justin Solier, Professor der Musik, wohnhaft zu Marseille, auf dem Platze Angoulême Nummer acht, oder von Jedem, der zu dessen Entlastung zahlen würde, die Summe v. einhundert Franken oder vierzig sechs Gulden vierzig Kreuzer, welche Solier dem Hrn. Vollmachtgeber schuldet, unter Solidarbürgschaft des Herrn Gedeon Laborde, Geschäftsmann in Marseille in-

passée devant M. Templier et son Collègue, Notaires à Marseille, le vingt Octobre mille huit cent soixante deux; recevoir également les intérêts de cette somme, échus et à échoir, et tous frais et déboursés qui pourront être dus parle débiteur sus nommé. ....

Céder et transporter cette créance à telles personnes et aux prix charges et conditions que le mandataire avisera, avec ou sans garantie; en toucher le prix consentir toute subrogation dans les droits et hypothèques du constituant. ....

Fait et passè à l'étude du Notaire le vingt Mars mil huit cent soixante quatre en présence de Mr. Charles Buddi marchand et Frédéric Kern serrurier tous deux démeurants à Munic, témoins, les quels après lecture faite de cette procuration à M. Joseph Dumont en leur

haltlich einer Schuldurkunde errichtet vor Hrn. Templier und einem seiner Kollegen, beide Notare in Marseille, am zwanzigsten Oktober eintausend achthundert zwei und sechzig; ebenso für den Vollmachtgeber die Zinsen dieser Summe einzunehmen, sowohl die bereits fälligen als die fällig werdenden, und alle Kosten und Auslagen, welche von dem oben genannten Schuldner zu zahlen seyn werden; ....

ferner diese Forderung abzutreten und zu übertragen an wen, um welchen Preis, unter welchen Lasten und Bedingungen der Bevollmächtigte für gut finden wird, mit oder ohne Gewährleistung, den Abtretungspreis einzuziehen, die Einsetzung des Cessionars in alle Vorzugs- u. Unterpfandsrechte des Vollmachtsgebers zu bewilligen.

Geschehen und errichtet in der Amtsstube des Notars am zwanzigsten März achtzehnhundert vier und sechzig in Gegenwart von Carl Buddi, Kaufmann u. Friedrich Kern, Schlosser, Beide in München wohnhaft, Zeugen, welche, nachdem diese Vollmacht dem Vollmacht-

Num. des Gesch.-
Reg. 123.
„ des Tazreg.
112.
Taze: . . Art.
Gebühr
des Notars . Art.
der Zeugen . Art.
Stempel . . .

. . . . . .
Kosten dieser Ab-
schrift:
Gebühr:. . . .
Stempel:. . .
zusammen . . .
mit Worten.

présence ont signé avec
celuici et le Notaire.

signés sur l'original
Joseph Dumont, Char-
les Buddi, Frédéric
Kern, George Keller,
Notaire.

Pour la Copie certifiée
conforme.

(L. S.) George Keller,
Notaire royal.

geber vorgelesen wor-
den war, mit diesem und
dem Notar unterschrie-
ben haben. Auf der Ur-
schrift sind unterschrie-
ben: Joseph Dumont,
Carl Buddi, Friedrich
Kern. Georg Keller, k.
- Notar.
Für den Gleichlaut
dieser Abschrift mit der
Urschrift.
(Siegel) Georg Keller,
k. Notar.

Formular einer vollziehbaren Ausfertigung:
Im Namen
Seiner Majestät des Königs von Bayern.

Vor Friedrich Hofstetter könig=
lichem Notar im Amtssitze zu Er=
bendorf Bezirks Weiden im Regierungs=
bezirke der Oberpfalz und von Regensburg
Königreich Bayern in dessen Amtsstube er=
schien heute den ersten August eintausend
achthundert zwei und sechszig, Friedrich
Herbst Wagner wohnhaft zu Rosenberg und
erklärte: er sei an Herrn Hermann Mayer
Kaufmann in Erbendorf wohnhaft, sich der=
malen als Theilhaber an einem Fabrikun=
ternehmen zu Nürnberg aufhaltend, eine
Summe von zweihundert Gulden schuldig
geworden, welche er so eben baar als Dar=
lehen von Herrn Mayer erhalten habe, und
nach einer beiden Theilen freistehenden ein=
vierteljährigen Aufkündigung wieder zurück=
zuzahlen sich verpflichte, mit der weiteren
Verbindlichkeit bis zur Zurückzahlung von
heute an vier von hundert jährliche Zinsen
und von den verfallenen Jahreszinsen Ver=
zugszinsen zu bezahlen und jede Zahlung
in gangbarem Silbergelde zu entrichten.

Zur Sicherheit dieses Darlehens sammt
Zugehörungen verpfändet der Schuldner
nachbeschriebene ihm zu eigen gehörige von
Hypotheken und Privilegien freie in der
Gemarkung der Gemeinde Rosenberg könig=
lichen Landgerichts Erbendorf Bezirksamtes
Kemnath gelegene Grundstücke, nemlich:

Besitz Litera A Steuerdistrikt Neufang.
Ein Frohngütlein mit dem unter Plan Num=
mer 571 begriffenen unausscheidbaren Grund=
stücke Haus Nummer 10 in Rosenberg be=
stehend in: _____

Plan Nummer 498a Wohnhaus mit
Keller und Stallung, Backofen, Schwein=
ställen, Stadel, Holzschlicht, Brunnen, Hof=
raum, Gemüsegarten gelegen zu Rosenberg
im Hintergassel auf einer Fläche von zwan=
zig hundertstel Tagwerk neben Mathias
Hsstr.

Danner und Wilhelm Machol, Haus=Num=
mer zehn.

Plan Nummer 498b, 622, 669 und
671 zu sechs ganzen und sieben und zwan=
zig hundertstel Tagwerk Acker und Wiese,
Gemeinderecht zu einem ganzen Nutzantheil
an den noch unvertheilten Gemeindebesitzungen.

Gleichzeitig war auch der obengenannte
Darleiher Herr Hermann Mayer zugegen,
welcher das vorstehend beurkundete Schuld=
bekenntniß nebst Unterpfandsbestellung an=
nimmt.

Hierüber wurde gegenwärtige Urkunde
errichtet in Gegenwart von Georg Eber
Weber und Peter Merker Schneider Beide
in Erbendorf wohnhaft, Zeugen, welche,
nachdem die Urkunde in ihrer Gegenwart
den Betheiligten vorgelesen worden war,
diese mit den Betheiligten und dem Notar
unterzeichneten.

Auf der Urschrift sind unterschrieben:
Friedrich Herbst, Hermann Mayer, Georg
Eber, Peter Merker, und Friedrich Hof=
stetter, k. Notar.

Eingetragen in das Hypothekenbuch vol.
VIII. Band I. Seite ein und fünfzig und
drei und fünfzig. — Erbendorf den zweiten
August eintausend achthundert zwei und
sechszig königliches Landgericht unterzeichnet:

Sommer k. Landrichter.

Die vorstehende dem Herrn Hermann
Mayer zu Erbendorf ertheilte erste Aus=
fertigung wird hiemit als vollziehbar erklärt.

Der königliche Notar
(Siegel.)   F. Hofstetter.

Die Ausfertigung wird, wie es oben
bezüglich des Steigbriefes bemerkt ist, zur
besseren Aufbewahrung in einen Umschlag
geheftet, und auf diesem etwa wie folgt,
überschrieben:

Gesch.=Register Nro 65.
Tax-Register Nro. 54.
Kosten der Urschrift.
Taxe . . Art. . Tax.=O.
Gebühr a) des Notars . .
    Art. . . Geb.=O.
b) der Zeugen . . Art. . .
    Geb.=O.
Stempel . . .
Kosten des Hyp.=Amts . .

Summe . . .
Kosten dieser am 3. Nov.
1862 gefertigten Ausfer-
tigung . . . Art. 18 G.=O.
zusammen . . . . mit
Worten . . . . . .

(Nro. 65.)

Schuldurkunde mit Unterpfandbestellung

zu Gunsten

des Herrn Hermann Mayer,

Kaufmann zu Erbendorf,

zum Belaste

von Friedrich Herbst,

Wagner in Rosenberg.

Urkunde des Notar Hofstetter

zu Erbendorf

vom 1. August 1862.

Formular eines pfälzischen Theilungs- oder Loaszettels.

Uebergabe und Theilung.

Vor mir Nikolaus Kößler, dem unter-
schriebenen zu Edenkoben wohnhaften königlichen Notar und in Gegenwart der unten-
genannten zwei Zeugen sind erschienen: 1)
Franzicka geborene Göttel, ohne besonderes
Gewerbe zu Roschbach wohnhaft, Wittwe
des daselbst wohnhaft gewesenen und verstorbenen Wagners Valentin Herbst. 2)
Ihre mit diesem Valentin Herbst, mit welchem sie sich ohne Errichtung eines Ehever-
trages im Jahre achtzehnhundert eins unter
fürstbischöflich Speyer'schem Statutarrechte
verehelicht habe, wonach dem Ehemanne zwei
und der Ehefrau ein Drittheil an der ehe-
lichen Errungenschaft gebührt, erzeugten
sämmtlich großjährigen Kinder, als a) Margaretha Herbst und deren sie hiemit zu ge-
genwärtiger Handlung ermächtigender Ehemann Andreas Flik Maurer; b) Georg
Michael Herbst, Beinschwarzfabrikant; c)
Friedrich Herbst Wagner; d) Johann Herbst
Maurer, diese sämmtlich zu Roschbach wohnhaft und e) Franz Herbst Wagner zu Edes-
heim wohnhaft. _____

Die obengenannte Wittwe Herbst erklärte: sie sei gesonnen, ihr Drittheil an
den Gütern, welche sie mit ihrem genannten
verstorbenen Ehemann während der Ehe
errungen habe, an ihre genannten Kinder
zu deren Eigenthum zu übergeben, damit
ihre Kinder solches Errungenschafts-Dritt-
theil mit ihren ererbten väterlichen Gütern
und den väterlichen zwei Errungenschafts-
Dritteln vereinigen und um so bequemer
unter sich vertheilen können, indem die genannten Kinder dem erwähnten Statutarrechte gemäß zum Antritte ihres väterlichen
Vermögens berechtigt seien. — Sie übergibt nun ihr fragliches Drittheil an nach-
beschriebenen Errungenschaftsgütern ihrer Ehe,
hiemit an ihre genannten Kinder auf Eigenthum mittelst Schenkung unter Lebenden

Kßt.

mit Befreiung von der Verbindlichkeit zum Wiedereinwurfe dieser Güter in Natur in die dereinstige Verlassenschaftsmasse der Mutter, unter den am Schlusse dieser Urkunde beschriebenen Bedingungen.

Die genannten Kinder, welche diese Schenkung dankbar annehmen, erklären, daß sie dieses fragliche Errungenschaftsdritttheil mit ihren ererbten väterlichen Gütern und beziehungsweise den dem Vater aus der Errungenschaft zugefallenen zwei Dritttheil an Gütern vereinigt und in fünf an Werth gleiche Loose getheilt, den Ziehungsrang durch das Loos bestimmt und sodann nach diesem Range die Loose gezogen haben, wobei der Sohn Friedr. Herbst Wagner in Roschbach das vierte Loos gezogen hat, welches ihm nun hiemit förmlich zugetheilt wird.

1) C. Plan-Nummer 634 sieben ares oder zwei und zwanzig Dezimalen Wingert im Morgen, neben Jakob Argus und Michael Haim; errungenschaftlich — geschätzt auf fünf und dreißig Gulden _____ 35 fl.

2) C. Plan-Nummer 938, acht ares oder fünf und zwanzig Dezimalen Acker oder dem Rech, neben Friedrich Theobald und Franz Argus, väterliches Erbgut — geschätzt auf zwanzig Gulden _____ 20 fl.

3) B. Plan-Nummer 1506 ohngefähr fünf ares oder fünfzehn Dezimalen Acker im Judenpfad neben Michael Lutz und Johann Hammer, errungenschaftlich — geschätzt auf zehn Gulden _____ 10 fl.

4) B. Plan-Nummer 1513, hievon das mittlere Dritttheil der Länge nach getheilt neben Franz Herbst und Michael Piot — beträgt fünfzehn ares oder vierzig sechs Dezimalen, errungenschaftlich, geschätzt auf fünf und dreißig Gulden _____ 35 fl.

Gesammtschätzung dieses Looses gleich derjenigen der anderen Loose _____ 100 fl.
sage einhundert Gulden.

Kßl.

Das unter Nummer drei angeführte Grundstück B. Plan-Nummer 1506 im Judenpfad behält die Mutter für sich lebenslänglich und unentgeldlich in Besitz und Genuß.

Weiteres Uebereinkommen unter welchem diese Gutsübergabe geschehen ist:

1) Die sämmtlichen vorbeschriebenen Liegenschaften sind, soweit kein Bann angegeben ist, auf dem Gemeindebann von Roschbach.

2) Die Güter sind übergeben und vertheilt mit rechtlicher Gewährleistung für die Freiheit von Privilegien und Hypotheken, allein ohne Gewährleistung für das Flächenmaß, wie sie daliegen und ausgesteint sind.

3) Jedes Kind wird sogleich in ruhigen Besitz und Genuß der in seinem Loose enthaltenen Güter — mit Ausnahme derjenigen, welche sich die Mutter zu lebenslänglichem Genuß vorbehalten hat — eingesetzt und hat von dem Tage der Theilung an die Staats- und Orts-Abgaben davon zu entrichten, und leisten sich die Kinder gegenseitig für ruhigen Besitz und gegen Eviktion die übliche Gewähr.

4) Da die Güterloose gegen einander im Werthe gleich sind, so findet keine Herausgabe statt.

5) Ohne Erlaubniß der Mutter darf kein Kind diejenige Liegenschaft aus dessen Loos, die sie sich zum Besitz und Genuß vorbehalten hat, veräußern oder als Unterpfand bestellen.

6) Sämmtliche mit diesem Akte, worauf fünf Stunden verwendet wurden, verbundene Kosten sind den fünf Kindern zu gleichen Theilen zur Last.

Gegenwärtiges geschehen und vorgelesen in Gegenwart von Valentin Köhl Seiler und Michael Klein Kappenmacher Beide dahier wohnhaft, Zeugen, welche nachdem die Urkunde in ihrer Gegenwart den Betheiligten vorgelesen worden war, nebst den
Kßl.

Betheiligten und dem Notar unterschrieben haben zu Edenkoben in der Amtsstube des Notars am dreißigsten August achtzehnhundert vier und vierzig. ————

Sind unterschrieben: Franziska Herbst, Franz Herbst, Margaretha Herbst, Andreas Flick, Georg Michael Herbst, Friedrich Herbst, Johann Herbst, Valentin Köhl, Michael Klein, und N. Kößler, k. Notar. Nro. 1057 folgt die Vormerkung der Registrirung u. s. w.

Für diesen Auszug dem Friedrich Herbst zu Roschbach ertheilt. Kößler, k. Notar.

Kosten dieses am 10. November 1848 ertheilten Auszuges.

Für Aufsuchung der Theilung . . 18 kr. Art. 11.
                                    d. G.-O.
Auszug . . 42 kr.
Stempel . 42 kr.
───────────
zusammen 1 fl. 42 kr. mit Worten ein Gulden vierzig zwei Kreuzer.

Es leuchtet ein, daß dieser dem Friedrich Herbst als Erwerbsurkunde ertheilte Auszug nur das E r g e b n i ß der Theilung enthält, und daß, weil sämmtliche Betheiligte großjährig waren, die Bildung der Loose, das heißt die Abschätzung der Liegenschaften und deren Eintheilung in die Loose behufs gänzlicher Gleichstellung dieser letzteren, dann die Festsetzung des Ziehungsranges und endlich die Loosziehung selbst außer Gegenwart des Notars geschehen konnte, daß aber, wenn die Theilung vor dem Notar selbst geschieht, wenn Minderjährige dabei betheiligt sind, diese ganze Operation der Loosebildung vor Notar und Zeugen geschehen und dann auch in der Urkunde beurkundet werden muß.

Formular einer bildlichen Abschrift, nach Art. 92 des Gesetzes.

a) Urschrift:

Vor Gottfried Eckart kglchem Notar im Amtssitze zu Scheßlitz Bezirks Bamberg in Oberfranken des Königreichs Bayern [erscheint

[auf dessen Amtsstube — dieser Zusatz von dreiWorten genehmigt — und auf Vorleien unterschrieben: Carl Schober, Anton Neuner, Conrad Becker, Gottfried Eckart.

sage erschien heute den dreizehnten Februar achtzehnhundert soll heißen eintausend acht=hundert drei und sechszig der katholische Schullehrer Carl Schober zu Scheßlitz wohn=haft und erklärt:

Ich ertheile hiemit meine Einwilligung zu der Ehe welche mein neunzehnjähriger Sohn Franz Schober, erzeugt in der Ehe mit meiner verstorbenen Ehefrau Anna ge=borenen Nagel, dermalen Musiklehrer in Berlin der Hauptstadt des Königreichs Preu=ßen, mit Fräulein Friederike Hartkorn acht=zehn Jahre alt, Tochter des königlich preu=ßischen Justizkommissarius Friedrich Hartkorn zu Berlin und deffen Ehefrau Rosalie ge=bornen Pleske vor dem zuständigen Stadt=pfarrer von St. Jakob zu Berlin abzu=schließen beabsichtigt.

Die Streichung des Wor=tes Pleske in nebenstehen=der Zeile und Zusatz des Wortes Lemke an deffen Stelle genehmigen nach Vorlesen, und unterschrei=ben: Carl Schober, Anton Neuner, Conrad Becker, Gottfried Eckart.

Nummer des Geschäfts-Registers 120.

Nummer des Tax-Re=gisters 106.

Kosten:

, Taxe . . . . Art.
Geb. d. Not. . . . Art.
der Zeugen . . . Art.
Stempel . . . .
zusammen . . . . mit
Worten : . . . . .

Worüber Urkunde errichtet in Gegenwart von Anton Neuner Bauer und Conrad Becker Schreinermeister Beide zu wohnhaft welche, nachdem gegen=wärtige Urkunde dem Carl Schober vorge=lesen worden war mit diesem und dem No=tar unterschrieben haben, mit Genehmigung des Zusatzes des Wortes „Scheßlitz" in der fünften Zeile von unten — nach dem Wo=sage zwischen den Worten „zu" und „wohn=haft."

Carl Schober, Anton Neuner, Conrad Becker, Gottfr. Eckart, k. Notar.

b) Bildliche Abschrift:

In Folge eines dem unterzeichneten kglchen Notar Gottfried Eckart im Amtssitze zu Scheßlitz Bezirks Bamberg in Oberfranken des Königreichs Bayern am heutigen Tage zugekommenen Beschlusses des k. Landge=

richts Scheßlitz vom zwanzigsten April lau=
fenden Jahres in der Streitsache des Wil=
helm Endres gegen Carl Schober wegen
Schuldforderung, .haltlich dessen an den
unterzeichneten Nota. Das Ansinnen gestellt
ist an dieses Landgericht behufs Vornahme
einer Schriftvergleichung, die Urschrift der
von dem unterzeichneten Notare am drei=
zehnten Februar eintausend achthundert drei
und sechszig beurkundeten und in der Ur=
kundensammlung des Notars aufbewahrten
Eheeinwilligung des katholischen Schulleh=
rers Carl Schober zu Scheßlitz zur Ver=
ehlichung seines Sohnes Franz Schober mit
Fräulein Friederike Hartkorn in Berlin, bis
zu Beendigung jenes Rechtsstreites abzuge=
ben, — hat der unterzeichnete k. Notar vor
Abgabe der Urschrift in Gemäßheit des Art.
92 des Notariatsgesetzes, die nachfolgende
bildliche Abschrift von der erwähnten Ur=
schrift gefertigt um bis zu deren Rückkunft
deren Stelle in der Urkundensammlung zu
vertreten: ....

Folgt nun diese Abschrift:

— 130 —

[auf deſſen Amtsſtube —
dieſer Zuſatz von drei Wor-
ten genehmigt — und auf
Vorleſen unterſchrieben:
Carl Schober, Anton
Renner, Conrad Becker,
Gottfried Eckart.

Die Streichung des Wor-
tes Pleske in nebenſtehen-
der Zeile und Zuſatz des
Wortes Lemke an deſſen
Stelle genehmigen nach
Vorleſen, und unterſchrei-
ben:
Carl Schober, Anton
Renner, Conrad Becker,
Gottfried Eckart.
Nummer des Geſchäfts-
Regiſters 120.
Nummer des Tax-Re-
giſters 106.
Koſten:
Taxe . . . . Art.
Geb. d. Not. . . . Art.
der Zeugen . . . Art.
Stempel . . . .
zuſammen . . . . mit
Worten.

Vor Gottfried Eckart kglchem Notar im Amtsſitze zu Scheßlitz Bezirks Bamberg in Oberfranken des Königreichs Bayern [erſcheint ſage erſchien heute den dreizehnten Februar achtzehnhundert ſoll heißen eintauſend acht- hundert drei und ſechszig der katholiſche Schullehrer Carl Schober zu Scheßlitz wohn- haft und erklärt:

Ich ertheile hiemit meine Einwilligung zu der Ehe welche mein neunzehnjähriger Sohn Franz Schober, erzeugt in der Ehe mit meiner verſtorbenen Ehefrau Anna ge- borenen Nagel, dermalen Muſiklehrer in Berlin der Hauptſtadt des Königreichs Preu- ßen, mit Fräulein Friederike Hartkorn acht- zehn Jahre alt, Tochter des königlich preu- ßiſchen Juſtizkommiſſarius Friedrich Hartkorn zu Berlin und deſſen Ehefrau Roſalie ge- bornen Pleske vor dem zuſtändigen Stadt- pfarrer von St. Jakob zu Berlin abzu- ſchließen beabſichtigt.

——————— Worüber Urkunde ———————

errichtet in Gegenwart von Anton Renner Bauer und Conrad Becker Schreinermeiſter Beide zu wohnhaft welche, nachdem gegen- wärtige Urkunde dem Carl Schober vorge- leſen worden war mit dieſem und dem No- tar unterſchrieben haben, mit Genehmigung des Zuſatzes des Wortes „Scheßlitz" in der fünften Zeile von unten — nach dem Wo ſage zwiſchen den Worten „zu" und „wohn- haft."

Carl Schober, Anton Renner, Conrad Becker, Gottfr. Eckart, k. Notar.

Gegenwärtige bildliche Abſchrift iſt in Gemäßheit des oben angeführten Artikels des Geſetzes und behufs Vollziehung des erwähnten richterlichen Beſchluſſes nicht nur mit der Urſchrift gleichlautend, ſondern auch in der äußeren Form völlig gleich gefertigt worden.

Scheßlitz den fünf und zwanzigſten April achtzehnhundert ſechs und ſechszig.
Der k. Notar,
Eckart.

Nummer des Geschäfts-Registers 95.
Nummer des Tar-Registers 84.
Kosten dieser Abschrift.
Geb d. Not.... Art.
Stempel ....
Reise nach Bamberg. Art.
Gebühr .....
Geführt .....
Beglaubigung .. Art.
zusammen ....
mit Worten.

Die vorstehende bildliche Abschrift wurde durch den unterzeichneten Direktor des k. Bezirksgerichts Bamberg mit der durch den Notar Gottfried Eckart von Scheßlitz persönlich vorgelegten Urschrift verglichen und nach Inhalt und Form völlig gleichlautend und gleichaussehend befunden.

Bamberg den sechs und zwanzigsten April eintausend achthundert sechs und sechszig.

Der k. Bezirksgerichts-Direktor.

(Siegel.) N. N.

Die Unterschriften der Urschrift müssen auf der bildlichen Abschrift rücksichtlich des Platzes auf dem sie stehen, der Stellung und Form der Buchstaben, der besonderen Eigenthümlichkeiten u. s. w. möglichst treu wiedergegeben werden, — weil ja die Abschrift ein Abbild der Urschrift sein soll.

Alphabetisches Register.

(Die Ziffern bedeuten die Seitenzahl.)

Druckfehler.

Seite 22 Zeile 13 von oben lese man: „erſetzt wird" ſtatt „erſetzt werden
könne"

„ 23 „ 5 „ „ lese man die Anmerkung auf Seite 105.

„ 26 „ 4 von unten lese man: „anbrechen ſollte" ſtatt „angebrochen
ſein ſollte"

„ 28 „ 12 von oben leſe man: „beſcheinigt iſt — ein Fehlblatt."
ſtatt blos: „beſcheinigt iſt."

„ 31 „ 7 von oben leſe man: „zu welchen herben" ſtatt „zu welchen
vielen herben"

„ 33 „ 12 von unten leſe man: „Art. 24" ſtatt „Art. 14"

„ 35 „ 15 von oben leſe man: „Verlaſſenſchaft," ſtatt „Verlaſſenſchaft."

„ 40 „ 10 von unten leſe man: „verſichere ſtatt „verſicheren"

„ 44 „ 1 von oben leſe man: „Art. 49" ſtatt „Art. 59"

„ 48 „ 19 von oben leſe man: „vorzunehmende" ſtatt „vorzunehmende"

„ 49 „ 3 von unten leſe man: „wo noch" ſtatt „wo, noch"

„ 54 „ 7 von oben leſe man: „geleſen" ſtatt „vorgeleſen"

„ 55 „ 10 von oben leſe man: „Tit. XII." ſtatt „Tit. XII."

„ 59 „ 3 von oben leſe man: „unterſchrieben" ſtatt „gutgeſchrieben"

„ 63 „ 10 von unten leſe man: „Vornamen" ſtatt „Vornahmen"

„ 64 „ 1 von oben leſe man: „Vornamen" ſtatt „Vornahmen"

„ 67 „ 7 von unten leſe man: „geſetzt werden, mithin" ſtatt „geſetzt, mithin"

„ 72 „ 12 von unten leſe man: „Deutſchen" ſtatt „deutſchen"

„ 87 „ 17 von unten leſe man: „ſoll" ſtatt „ſolle"

„ 107 „ 2 von unten leſe man zu den Unterſchriften noch: Valentin
Seiter, Franz Adam Kopf.